U0544353

SLIGHTLY OUT OF FOCUS

失焦

罗伯特·卡帕“二战”自传

[匈] 罗伯特·卡帕 著
万山 译

Robert Capa

中国·广州

图书在版编目（CIP）数据

失焦 ：罗伯特·卡帕“二战”自传 / (匈)罗伯特·卡帕著 ；万山译. -- 广州 ：广东旅游出版社，2024.12. -- ISBN 978-7-5570-3481-8

Ⅰ. K835.155.72

中国国家版本馆CIP数据核字第2024VF4850号

出 版 人：刘志松

责任编辑：张晶晶　麦少泳　梁诗淇

责任校对：李瑞苑

责任技编：冼志良

失焦：罗伯特·卡帕“二战”自传

SHIJIAO : LUOBOTE · KAPA “ERZHAN” ZIZHUAN

广东旅游出版社出版发行

（广州市荔湾区沙面北街71号首层、二层　邮编：510130）

电话：020-87347732（总编室）

020-87348887（销售热线）

投稿邮箱：2026542779@qq.com

印刷：天宇万达印刷有限公司

（河北省衡水市故城县金宝大道侧中兴路）

880毫米 × 1230毫米　32开　8.5印张　100千字

2024年12月第1版　2024年12月第1次印刷

定价：56.00元

如果你的照片不够好，那是因为你离得不够近。

——罗伯特·卡帕

ROBERT CAPA

目 录

ROBERT CAPA

第一章 1942年夏

显然，再也没有什么理由要一大早起床了。我的工作室在第九大街的一栋三层建筑的顶层，有一整个屋顶的天光，角落里有一张大床，地板上还有一台电话，没有别的家具了，甚至连钟都没有。日光把我唤醒，我不知道现在几点，我也不怎么想知道。现金只有一枚五分钱的硬币了，要不是电话响了，我都不会动一下，总有人会打电话来推销午饭、工作，或是一份贷款。但电话一声不吭，我的肚子倒是铃声大作。我意识到再怎么努力都不可能睡着了。

我翻了个身，看见女房东之前塞进房门底下的三封信。过去几周里，我只收到过来自电话公司和电力公司的信件，所以这神秘的三封信最终驱使我下了床。

果不其然，第一封信来自爱迪生联合电气公司[①]，第二封信来自美国司法部，它函告我：我，罗伯特·卡帕，曾经的匈牙利公民，当前国籍不

① 爱迪生联合电气公司：美国最大的私人能源公司之一。——译者注，以下如无特殊说明均为译者注。

明，被归为外国敌对分子，必须上缴相机、双筒望远镜和枪械等物品，我要是想进行任何离开纽约超过十英里[①]的旅途，都必须去申请一份特别许可。第三封信来自《科里尔》杂志的编辑，他说在花了两个月时间仔细研究了我的作品剪贴簿之后，突然相信我是一个了不起的战争摄影师，并且非常乐意让我去承担一项特殊的任务；杂志社为我预订了一艘在四十八小时内驶向英国的船，随信还附上了一张一千五百美元的支票。

这是个有趣的问题。如果我有一台打印机，还是个品德高尚的人，那我就会给《科里尔》回信，告诉他们我是个外国敌对分子，我甚至都不能去新泽西，更别说英国了。我带着相机唯一能去的地方是市政厅的敌侨财产委员会。

我没有打印机，口袋里倒是有一枚五分钱的硬币。我决定掷硬币试试运气：要是掷到了正面，我就跑去英国，逍遥法外；要是掷到了反面，我就退回支票并向《科里尔》解释情况。

我抛出了硬币，它掉在了地上——是反面！

我可算明白了，掷硬币是没有未来的，我要兑现这张支票，而且无论如何都要前往英国。

* * *

地铁接受了这枚硬币，银行接受了这张支票。我在杨森餐厅吃了早餐，就在银行旁边——那可是顿大餐，花了2.5美金。心安理得地吃吧！我不可能拿着1497.50美金回到《科里尔》，那一定会惹上麻烦的。

我又读了一遍他们的信，确定船会在四十八小时内离开。接着，我又

---

① 英里：英制单位，1 英里约合 1.6 千米。——编者注

读了司法部的信，努力想想该怎么办呢。我需要的一切是：一张征兵局的豁免证书、美国政府和司法部出具的出入境许可、一张英国签证、用来贴签证的护照。万事开头难，我可承受不了一上来就“碰壁”，我亟需一个善解人意的人。我碰到了麻烦。美国人才刚刚意识到麻烦意味着什么，而英国人已经打了两年仗，应该早已习惯了麻烦。我决定先去找英国人。

从杨森餐厅到航站楼需要走五分钟。我知道在一个小时内，会有一班飞机开往华盛顿。我买了张机票，《科里尔》给的钱还剩下很多。

两个半小时后，一辆出租车在华盛顿的英国大使馆前把我放下，我要求会见使馆的新闻专员。接见我的是一个穿着粗花呢的绅士，他满脸通红，百无聊赖。我告诉他我的名字，但不知道该从哪里说起，所以干脆给了他这两封信，一封来自《科里尔》，还有一封来自司法部。他读了第一封信，没有显露出任何反应；但当他放下第二封信时，他的嘴唇上有了一丝笑意。这大大鼓舞了我，我掏出爱迪生联合电气公司那封尚未打开的信，并递给了他，我很清楚那是给我的停电通知。他示意我坐下。

终于开口时，他出乎意料地有人情味。直到一战前，他都是一名地质学教授。战斗爆发时，他正在墨西哥愉快地研究着休眠火山顶部的土壤构成。他不太关心政治，但就是这场战争，把他变成了新闻官员。从那以后，他从英国的利益出发，不得不拒绝各种各样的提议，他确定我的情况超过以往的一切案例。我胜利了！我沉浸在对他和对自己的同情之中。于是，我提议共进午餐。

我们前往卡尔顿酒店，在等到位置前还不得不喝了许多干马提尼。这位同伴细心周到地鼓励我，我开始觉得——和《科里尔》一样——这位官员和大英帝国都要坑害我。等终于有了空桌时，我拿起菜单给每人点了一打蓝点生蚝作为开胃菜。啊！五年前，在法国，我一度对品酒极为着迷。我还记得，在每一个英国探案故事中，当彼得·温西勋爵没什么要说的时候，吃生蚝都要配上被称为“蒙哈榭”的奇妙的勃艮第白葡萄酒。蒙哈榭1921就列在菜单的底部，而且非常昂贵。但那是一个愉快的选择。我的同伴告诉我，十五年前，当他在法国度蜜月时，他让他的新娘对那特别的红酒留下了深刻的印象，因此直到喝光了这一瓶，我们还在谈论自己对法国——以及蒙哈榭——的热爱。喝完第二瓶时，我们都同意，我们有着同样强烈的感觉，要把德国人扔出美丽的法国，然后在喝完咖啡之后，我一边喝着卡兰斯一世白兰地，一边告诉他我在西班牙内战时，曾和爱尔兰共和军度过了三年，以及我有多么充分的理由痛恨法西斯主义。

回到大使馆后，他拿起电话要求转接到美国国务院。他和某个高层人士通了电话，告诉对方自己的名字，说在他办公室里的是“好人老卡帕”，还说我去英国是至关重要的，以及我会在十五分钟内到达，并领取我的出入境许可证。他挂了电话，给了我一张纸条，上面有个名字，十五分钟后我就到了美国国务院。一位着装一丝不苟的绅士接待了我，他在一张表格上填上我的名字和职业、签字，然后告诉我，到早上九点，在纽约港史坦顿岛的移民局，一切都会准备妥当。然后他送我到了门口，放松片刻，拍了拍我的背，眨了眨眼睛，祝我“好运”。

等回到大使馆时，我的专员朋友有一点严肃，还有一点担忧，直到我告诉他首战告捷。这次他给纽约的英国总领事打电话。他告诉对方，“老卡帕”就要去英国了，而且每件事情都全部准备好了，就是没有护照。在十分钟和数个电话之后，这位大使馆里的海军官员兼教授和我坐在了一个小酒吧里，喝酒预祝我旅途成功。是时候去赶飞机了，但是在离开之前，海军官员向我保证，他会给英国的每个港口送去加密信息，告诉他们我会带着相机和底片乘坐一艘船到达，那样我在任何地方都能得到帮助，还将被平安送往伦敦的海军部。

在回纽约的飞机上，我判定英国是一个伟大的民族，他们有着绝佳的幽默感，而且，当遇到不可能之事时，他们倾情相助。

* * *

第二天早晨，纽约的英国总领事提出，我的情况非常特殊——但是那场战争也非常特殊。他给了我一张看起来平平常常的白纸，告诉我写下自己的名字，解释为什么我没有护照，以及澄清我去英国的原因。

我写到我的名字是罗伯特·卡帕；我出生在布达佩斯；霍尔蒂·米克洛什[①]和匈牙利政府向来不喜欢我，我也一直不喜欢他们；自从希特勒吞并匈牙利之后，匈牙利领事馆就拒绝承认我是匈牙利人，但也不说我不是；直到希特勒掌控匈牙利之后，我彻底拒绝说自己是匈牙利人；从出生开始，我就完完全全由犹太祖父养育；而我憎恨纳粹，也相信我的照片将能用于反对他们的宣传。

把这张纸递回去时，我有点担心拼写正不正确，但是他在上面盖了戳，还把它封好，又用一条蓝色的绶带裹住它，然后——一张护照诞生了。

* * *

要起航的那天早晨，我还缺四五个次要的许可证。我的母亲陪着我，她当时正住在纽约，当我忙着拿到最后那些需要的盖了章的纸片时，她就在出租车里等着我。每次我回去，她都静静地坐着，试图从我的脸上读出答案。那天早上，她是一个非常纠结的母亲，一边为了我好，希望我能成

① 霍尔蒂·米克洛什（1868—1957）：匈牙利王国摄政。

功得到各种许可证并离开；但出于母爱的本能，她祈祷能出点岔子，这样我就不能再次前往战场了。

我终于弄好了所有文件，却已经比原定的发船时间晚出发了一个半小时，我妈妈最后只能期望船已经开走了。

但是，当我们抵达码头时，那艘脏兮兮的老旧商船还在那里。一个大块头的爱尔兰警察挡住我们的路，我向他展示了我的文件。

“你迟到了。”他说，“你最好抓紧点。”

我妈妈能做的就这么多了。她不再是“战时勇敢母亲”的代表，而是变成一个伟大且有爱的犹太母亲。压抑了许久的眼泪，从她那双又大又美的棕色眼睛的眼角倾泻而出。六英尺六英寸高的爱尔兰警察，用手环住我那只有五英尺高的小个子母亲的肩膀，说道：“女士，我去给你买点喝的。”

我飞快地最后吻了一次妈妈，然后冲向跳板。

我最后看到的美国，是爱尔兰警察和妈妈的背影，他们在骤然灿烂的摩天大楼下跨过了栏杆。

ROBERT CAPA

第二章

我匆匆忙忙赶上了跳板，但不是唯一一个迟到的人。我紧跟着两个摇摇晃晃的水手，离开了美国。

站在跳板尽头的船长转向他的同事说道：“好吧，你们就是最后两个人了，瞧瞧谁回来了。”接着他看到了我，“你又是谁？”

“我是个更加特别的人，先生。我是旅行中的敌侨。”

“好吧，我们带的这批货已经足够奇怪了，我们最好到我的船舱下面去看看你在旅客名单里是怎么写的。”

他在那里听我一五一十地解释着，然后一言不发地拿走我的文件。

“战争爆发之前，”他告诉我，“我从西印度群岛运香蕉和旅客到英国去。现在，运的不是香蕉了，我带回家的是培根，在长廊的甲板上，我运送的不是旅客，而是被拆解的轰炸机。好吧，我的船不像以前那样干净了。卡帕先生，客舱是空的，你会发现你的住处很舒适。”

我找到自己的船舱，安顿了下来。引擎正在嗡嗡响，在美国两年之后，我踏上了回往欧洲的路。我心向往昔……两年前，从法国起飞，我到达了相同的港口，在那个时候，我不得不担心的是他们让不让我进去。在当时，我的绝大部分文件纯粹是捏造的。我被说成一个农业专家，正要回到智利，去提高那个国家的农业水准，我还有一张过境签证，它能让我在美国待上三十天。那时，想要入境一点儿也不简单，说服他们让我留下也很困难，但能让一个英国教授帮我离开则是奇迹。

我拿出相机——从1941年12月8日开始，我就被禁止触摸它了，我给自己倒了杯酒：现在，我又是一名新闻记者了。

* * *

拂晓，我们在哈利法克斯港抛锚。船长到岸上去拿操作说明。这天稍晚，在他回来之后，我听说我们将作为快速护航队的一部分穿过去，我们的船会成为领航船，而一名退伍的海军船长——他现在是这个护航队的海军准将——将在我们的舰桥上发号施令。

我想象着在《科里尔》杂志上刊登着激动人心的四页报道，标题是“护航队的海军准将”，还有一张戏剧性的照片——这位年迈的水手，踉踉跄跄地站在舰桥上，整条船在随波起伏。

晚餐之后，海军准将要求见我。舰桥里几乎连束光都没有，但是当我看清他的样貌时，我十分失望。他根本不像我想的那样，是个跌跌撞撞、垂垂老矣的水手，相反，他是一个五十几岁的绅士，还精心修剪过胡子，而且唯一一个我能找到的，和想象中的形象相似的特征，是一双粗壮而且十分浓密的眉毛。我做了自我介绍，他回应说自己是个爱尔兰人。他马上就说自己对影视界非常有兴趣，还发现有些好莱坞女演员相当令人兴奋。在整个旅程中，他都会待在舰桥里，但我为什么不每天晚上来这里，告诉他一些好莱坞的有趣故事呢？作为交换，他将很乐意告诉我关于护航队的每一件事。

这笔交易相当不公平。作为海军准将，他了解他的护航队，可我从来没有去过好莱坞。但我不想告诉他，他拼错了我的名字，我不是那个有名的电影导演，我的名字是鲍勃·卡帕[①]，压根儿不是弗兰克·卡普拉[②]。在剩下的旅途中，我不得不扮演雪赫沙拉德[③]。我唯一的希望是，它不用持续一千零一夜！

晚上，我们留在港口。早晨，海军准将问我是否愿意和他一道走一走，拜访护航队一众船只的船长。这些船中的大部分都是外国船只，海军准将费了好大劲才让大家理解他的意思。瑞典和挪威的船长们给了我们阿夸维特[④]，他们的英语说得还好一些。荷兰人有非常好的金酒，而且酒量极好。法国船长有极好的白兰地，我还给他们翻译了。希腊人有一种烈性酒，叫作“乌佐茴香酒”，他们希腊语说得飞快。我们一共拜访了二十三条船，而且，我们一共在二十三个不同的国家喝了酒。在回我们的船的路上，海军准将抱怨这些疯狂的外国人，这让我对盎格鲁-撒克逊人有了不错的印象。

下午，我们毫无困难地组好了护航队。我们排成四个纵队，一队六艘船，每艘隔了大概一千码。我们的护卫队规模有点小——只有一艘驱逐舰和五艘小型的护卫舰。

在舰桥的第一个晚上，大部分时候都是海军准将在说话。在第一次世界大战期间，他曾经是一艘驱逐舰的船长，到1918年，他领导了一整个小

① 鲍勃·卡帕：罗伯特·卡帕的昵称。

② 弗兰克·卡普拉（1897—1991）：意大利裔美国导演。

③ 雪赫沙拉德：《一千零一夜》中的王后，她每天晚上都要讲一个故事。

④ 阿夸维特：产于北欧斯堪的纳维亚半岛的一种酒。

型舰队，谈话间还不时出现泽布吕赫港[①]和加里波利[②]的名字。当他讲完故事，他问我丽莲·吉许[③]现在怎么样。我向他保证，吉许小姐现在保养得非常好，当我们分别时，场面看起来就像一段美好友谊的开端。

在海上的头四天毫无波澜地过去了。白天，我给每件东西和每个人拍照片，不管是报头还是轮机舱；晚上，我待在舰桥里，把我在明星杂志上能记住的一切都告诉海军准将，那些杂志还是我在牙医的等候室里看的。我隐晦地暗示他，我是个彻底的无名小卒，但还是让他觉得，我在这些好莱坞丑闻中，多少起了点作用。作为交换，他告诉我，有一次，在前往摩尔曼斯克的护航队中，他的靴子冻在了甲板上，他有三天都无法动弹。海军准将在公海航行的时候不喝酒，但我在口袋里装了扁酒瓶，还要在他说话时，喝点酒去去寒。午夜过后，我靠在舰桥的横杆上，有时候觉得自己似乎身处停电了的第三大街的酒吧里。

到目前为止，我的"北大西洋战役"充满了快乐——实际上，有点过于高兴了。不过，船员们对我行动的热情并不看好，而且对于《科里尔》杂志的故事很有可能会很无聊这件事一点儿都不遗憾。

我们驶入了一片名副其实的北大西洋浓雾中。驱逐舰在一旁停下，送给我们一个信息。海军准将转向了我。"如果你能在大雾中拍出照片，卡普拉，那你估计就能得到那该死的独家新闻了，"他说，"一群德国海军的饿狼袭击队就在前方三十英里等着攻击我们。"

海军准将决定，不管有没有雾，我们都得改变航程。现在，我们无法从舰桥上看到船的船尾，还绝对不能发射无线电。和护航队其他船只的沟

① 泽布吕赫港：比利时第二大港口。

② 加里波利：指加里波利之战，第一次世界大战中土耳其加里波利半岛的一场攻坚战。

③ 丽莲·吉许（1893—1993）：美国女演员。

通只能通过雾角。挪威的油船，一度在我们的左边航行，却从我们右边的某个地方回复了两长三短的巨大响声。希腊的货船，之前是护航队的最后一艘船，在我们后面三英里的地方，却从我们船头五十码的地方吹出了四个长长的巨大的响声。总之，二十三个雾角发出的响声，大得在柏林都能听见。海军船长一视同仁地咒骂了所有同盟国、中立国和交战国的船长。但是，没有时间去担心冲突了。饿狼袭击队发现了我们，正向我们的护航队投掷深水炸弹。

我把珍贵的护照和《科里尔》剩下的钱装进我的油绸烟袋里，还惨痛地懊悔起事情的转向。

海军准将向护航队发出了散开的信号，从此之后，每艘船都各行其是。时不时地，我们就会听到其他船只的引擎遗憾地熄火了，但深水炸弹的爆炸声却越来越远。

四十八小时之后，灿烂的阳光刺穿了浓雾。二十三艘船都围绕在我们的旁边，就连护航队也在那里。实际上，我们依然保持着队形。但是：之前在护航队中间的船只，现在在外部行驶；希腊船曾经在最后，现在却是领航船了；而我们这艘船则在最末端行驶。

* * *

地平线上出现了一个点，不一会儿，它就开始用闪光发出信号。我们的信号员用相当一本正经的表情跟我们汇报了这个信息。“英国皇家海军舰艇收割机号请求先生，您能否分给他们一些啤酒？”

“告诉他们来拿吧。”

那艘驱逐舰在护航队边上做了一两个华丽的转弯，然后喜气洋洋地停在了我们的旁边。英国驱逐舰船长拿着个喊话器，站在舰桥上：“见到你们太意外了，你们的船居然都还漂着！”

“见到没有啤酒的英国海军漂着也很意外！”

“我们的深水炸弹用完了，只好朝德国佬扔啤酒桶，干翻他们。”

* * *

不久之后，一串对我来说难以辨认的旗帜，挂到了我们的旗杆上。信号员向我翻译了这个信息：“很荣幸能在后面领导你们，但还是恢复到原来的队形吧。请务必注意。”

各个船只收到了信号。挪威油船差点撞上了希腊货船；瑞典绅士们全速冲向尾部，很快就看不见了；法国人报告，他的锅炉坏了，所以只能留在左后方。这些船漫无目的地转了四个小时之后，只有二十二艘船的护航队继续前行。

那天晚上，当我到舰桥找海军准将时，他忽视了我好一会儿。正当我要回自己的船舱时，他才放松下来：“话说，卡普拉，你有没有遇见过克拉拉·鲍[1]？”

* * *

事实证明，驱逐舰的啤酒纯属浪费，因为第二天，德国潜艇又一次包围了我们。驱逐舰在护航队周围放出了一道非常上镜的烟幕，并广播求助。按照计划，这时会有一队英国巡逻队来和我们会合。幸运的是，他们信守了约定。作为《科里尔》杂志的《北大西洋之战》的最后一篇报道，

---

① 克拉拉·鲍（1905—1965）：美国好莱坞女星。

我们在一艘德国飞艇和一艘英国桑德兰号之间有了一场完美的混战，护航队的每门攻击炮都吐出了黑烟。

当爱尔兰隧道的灯塔出现在眼前时，我已经拍了所有的照片，也在好莱坞的风流轶事上耗尽了想象力。

海军准将头一回下了舰桥，我和他的信号员单独留在了里面。他是个沉默的人，在整个旅程中没说过一句废话。确定海军准将真的离开了之后，他偷偷告诉我："这个老家伙是一个了不起的男人，但是——请原谅我这么说——那个，他告诉你的某些故事……"

这让我觉得好多了，但直到第一次有机会向弗兰克·卡普拉先生致歉之后，我才会彻底释然。

* * *

进入隧道时，我们改变了队形，船只之间的距离接近一百码。现在，无线电静默头一次解除，每艘船只都被分别告知停靠的位置。我希望我们的船能停在利物浦，还开始计划我在伦敦萨沃伊酒店的第一天。但是战争船舶管理局不遂人愿：我们收到命令，得在爱尔兰海继续航行，并在贝尔法斯特附近等待进一步指令。

萨沃伊酒店只好在没有我的情况下，再过上二十四个小时。这不算太糟糕，海军准将告诉我，他知道贝尔法斯特最地道的酒吧，而且——就他来说——他还有一大堆事情得去处理。

我们抛锚后不久，一辆摩托艇靠了过来，许多来自出入境事务处、戴着博勒帽的绅士们登上了我们的船。轮到检查我的时候，这些绅士聚精会神地忙着看我的文件。他们一次次地摇晃自己戴着礼帽的脑袋，但没有显出任何不悦。当他们知道我的相机和底片之后，头摇得甚至更加厉害了。

我提到华盛顿海军专员的密码电报，但他们听到这个事情时面无表情。我十分沮丧，但还是试着活跃气氛，说我并不是真正的赫斯先生[①]，还说没有一个人可以通过跳伞降落到英国。但他们并没有被逗乐，他们告诉我，就一般情况来说，在战争期间，只有英国人民才被允许在北爱尔兰下船。我只能待在船上，直到我们在英国本土的某个港口停下，当局会决定我的命运。

海军准将似乎真的很遗憾我只能留在船上，他把自己的船舱让给我，还说我的故事是最有意思的，然后和出入境事务处的官员们上岸去了。船长现在又能完全掌控他的船了，他试着宽慰我，说在外面待上三天，就能收到前往英国的命令了。他还愉快地补充道，因为我们还没有正式靠岸，所以船上的商店还会营业，苏格兰威士忌的价格仍然是七又五分之一先令[②]。

我挪到海军准将的船舱里，点了一瓶苏格兰威士忌，然后坐了下来，一边听着第一频道，一边玩黑杰克[③]。到了晚上十点，酒瓶空了，《科里尔》的钱只剩下一百五十美金了。我又叫了一瓶酒，但服务员空着手回来了，用古怪的神情看着我，说有人喊我去船长的船舱。

我摇摇晃晃地走上舰桥，有一些灾难即将来临的感觉，胃里的苏格兰威士忌还在翻江倒海。我认出和船长在一起的是两位年轻的海军官员。他们的名字是加尔比奇和米勒，在搞清楚我的名字是卡帕之后，他们要求我把相机、底片和笔记移交给他们保管。“不，”我告诉他们，“这事我干不了。”我坚持留下我的相机、底片和笔记，而且，我补充道，在我到达

---

① 赫斯先生：德国纳粹副党魁，1941 年飞往英国，后被作为战犯拘禁。——编者注

② 先令：英国的旧辅币单位，1 英镑合 20 先令。——编者注

③ 黑杰克：一种使用扑克牌玩的赌博游戏。

时，英国海军本应该给我行一切方便之宜，可是，到现在为止，没有给我便利，一点也没有。相反，我还在爱尔兰海的中央，被粗鲁地困在一艘空船上。现在，我要待在那艘船上，要是有一天能前往英国，我就要去强烈控诉。

他们嘟囔着什么正在开战，然后退到一个角落里，去商量一页神秘的文件。他们看了这份文件至少三遍，在讨论了几分钟之后，他们回来了，坚持我得立刻移交底片、相机和笔记。他们的口气全变了，我一点也不喜欢。

突然之间，穿过苏格兰威士忌的迷雾，眼前的一切变得清晰起来。我要求和他们对质，这样我就能告诉他们，那页文件上的信息是什么。我告诉他们华盛顿的海军专员是已经把密码信息送到英国的每个港口，事关罗伯特·卡帕将乘船到达，携带相机和底片，而我和我的相机以及底片，将合乎礼节地被照顾和帮助，并送往伦敦的海军部。他们现在必须做的，不过是回去并和华盛顿大使馆确认，然后告诉海军部我就在这艘天选之船上，而且将要——在某个时刻——在英国入港。

加尔比奇和米勒看了看那页纸，又看了看对方，然后把它递给了我。毫无疑问，它写了一些关于底片、相机和卡帕的事情，但是它被加密和再加密了许多次，以至于到了现在，它就像《圣经》一样变得讳莫如深。加尔比奇忽然间变得温和起来，询问他能否私下和我说几句话。

“我们确信您是对的，先生，”他迟疑地说，“我希望您能信任我们，并相信我将要说的内容。”

我很高兴事情有了转机，并洗耳恭听。

他解释道，他和米勒供职于贝尔法斯特的海军情报局。他们前一天忙得不可开交，因此下班后他们去喝了一杯。在那里，他们遇到了扫雷艇的船长，后者是他们多年前的同学，他建议他们去参观他的船，因为那里的酒要比酒吧里的便宜。实际上，那里的酒水真的相当便宜，而且分量十足，以至于他们直到前不久还喝得乐不思蜀，没回办公室。就在那个时候，他们发现了这个信息。现在，如果空着手回到海军情报局，他们将被迫承认，因为某些特殊的情况，他们回去晚了。如果我不帮他们，他们将会被关进最为可怕的监狱。如果我跟着他们上岸，加尔比奇继续说道，他们会让我——相机、底片和所有物品——能够以最好、最快的方式前往伦敦。

慷慨大度是很容易的，我决定帮助英国海军，还从商店里拿了三瓶威士忌带走，然后就跟上了加尔比奇和米勒。在一片漆黑中，我们爬上摇摇晃晃的绳梯，进入摩托艇中最小的一艘——它正不耐烦地上下摆动——然后离开了。

但我们的麻烦远未结束，领航员拒绝了我的两位朋友，并告诉他们现在是晚上十一点半，海关和移民处会一直关门到早上八点。他无论如何都不能让我上岸！

我们三个相当不悦，但这次是米勒挽救了局面。“要是找到扫雷艇，我们就能在那里舒舒服服地待一个晚上。等到了早上，我们就能开着摩托艇去港口了。”

* * *

我们花了两个小时才在黑暗中找到正确的扫雷艇。船长在认出加尔比奇和米勒之后，问他俩有没有带点酒回来。米勒回答，说他们带来的不仅有酒，还有卡帕。船长以为“卡帕”可能是某种新的酒，所以热情地邀请我们上船。在任何新麻烦可能出现之前，这位疲惫的领航员都明智地消失在黑暗之中。

扫雷艇乱糟糟的房间勉勉强强能容纳下我们四个人。船长想要威士忌，于是我贡献了我的三瓶。接着他又想要卡帕酒，加尔比奇便把事情告诉他，但船长变得很疑惑，还轻轻摇了摇头，问道："这事究竟是办好了，还是没办好？"

"哦，那当然是办好了，"加尔比奇安抚他，"而且不管怎么说，现在我们也没什么可做的了。"

我们把酒瓶打开，接二连三地致敬了英国海军、商船队和扫雷船。然后船长转向我，提出致敬鲍里斯国王[①]，他还立刻用更加自信的语气补充道："不是冒犯，老伙计，但你的鲍里斯国王不是在阵营错误的一边吗？"

我回答，说："鲍里斯国王和我不是一个国家的，他是一个保加利亚人，而且毫无疑问是在错误的另一边。""不幸的是，"我继续说道，"更严重的是，匈牙利人里有冯·霍尔蒂海军元帅[②]，他也站在错误的一边。"船长对此非常抱歉，但还有一大堆东西要致敬，我们很快就改变了话题。

第二天早晨六点钟，我们在宿醉中醒来，静默中充满了不详的预感。我们刚刚给港口发去信号，让他们给我们送来一艘摩托艇，首席信号员就带着一个消息进入了船舱。已经收到命令，要立即去扫除爱尔兰海的水雷！我们向海军情报局发出信号，说卡帕就要去爱尔兰海扫除水雷了……这一切都需要解释……

---

① 鲍里斯国王：指鲍里斯三世，保加利亚国王，二战时加入"轴心国"行列。

② 冯·霍尔蒂海军元帅：霍尔蒂·米克洛什。

* * *

我们在公海上一起度过了三天，回去的路上，我们从头到脚地捯饬了一遍。接着，我们小心翼翼地排练即将要讲述的故事。

经过灯塔时，我们向海军情报局迅速发出一则信息，宣告我们的回归。接着，进入了港口，通过望远镜可以看到，在码头上，有一大群穿着蓝色制服的人正在等着我们。船长坚信，除了指挥权之外，他什么也不会失去；加尔比奇和米勒则觉得会有短短几年的拘留；而我拒绝去思考。

我们一入港，港口保安官员就上了船，沉默地听我们讲述故事。然后，他站了起来，说道："在你们的故事中，也许有一定的真相，但是在英国海军的全部历史上，扫雷艇充当移民旅馆的先例，还前所未有。"

他离开时，放言管理贝尔法斯特港口的长官很快就会亲临。

这位长官紧接着就出现了，在加尔比奇、米勒和船长报告时，他没有说任何话。等轮到我的时候，我开口就说，这显然不是加尔比奇、米勒或者船长的错，而是因为我出生在匈牙利……

"出生在哪里？"他打断道。

"匈牙利，"我重复道，"布达佩斯。"

长官搓了搓他的手。"我的孩子，"他说，"你今天晚上必须和我们一起吃晚饭！布达佩斯！我妻子也在那里出生！"

船长得到了三天假期，可以上岸。加尔比奇和米勒得到承诺，能快速晋升。而我享用了一次可怕的匈牙利式晚餐，而且在第二天，就被专机送往伦敦了。

ROBERT CAPA

第三章

伦敦海军部的新闻关系专员接待了我，他在一个标有“罗伯特·卡帕”的文件夹中，拿出了几页打开的报道。他看了看我，又瞥了眼这些报道，说他希望我的旅程很有意思。他还希望，我不会像新闻记者通常做的那样编造故事，而是实事求是地讲讲商船队。他更若无其事地说道，审查官自然是不会刊登我写的影射扫雷船或者海军情报局的故事，因为那本就不属于最初指派给我的任务。最后，就在我离开之前，他告诉我，《科里尔》杂志的办公室询问过我的归期，而且似乎相当着急要见到我。

《科里尔》杂志的“办公室”竟然是个巨大、奢华的所在，位于萨沃伊酒店，昆汀·雷诺兹[①]正在那里。他喝着一杯喝咖啡，还让我一块儿喝。

整个房间里都散落着电报和报纸。报纸上叫嚣着北非入侵。而从纽约办公室传来的电报则大喊着，让卡帕立刻回去。雷诺兹泰然自若地问我，是否已经入伍了美国陆军。我回答说，我不仅还没有入伍，而且我参加美

① 昆汀·雷诺兹（1902—1965）：美国作家、记者。

国陆军——实际上是匈牙利以外的任何陆军——的机会基本上都是零。我假装十分惊讶，他，还有《科里尔》杂志竟然不知道我是匈牙利人。他问我多久能回美国去。我试着说服他，我很可能是个伟大的战争摄影师，还指出无论怎样《科里尔》已经花了一千美金让我到了伦敦，我要是一下子就回去了，可能也不太合适。

我们一致同意多喝几杯酒来继续这个话题。下了楼，在萨沃伊的酒吧里，只喝了一杯之后昆汀就同意了，他承认身边有个匈牙利摄影师也许会很有趣。

* * *

战时，每一个友侨或敌侨在伦敦第一件例行公事，都是到藤街警察局登记。我们到达的时候，在警察局面前已经有一列长长的队伍了。

现在是1942年，除了富兰克林·D.罗斯福，我猜昆汀·雷诺兹是在英国最受欢迎的美国人。昆汀在布鲁克林长大，胸怀宽广、生性温和，还让新闻记者晃荡过的每家酒吧都生意兴隆。

没人想让他这个二百二十磅的大个子，和一群普普通通、身量矮小的外国人站在一列队伍里。昆汀和我招摇过市地走了进去，他停在登记室的门口，然后，在突兀的停顿之后，用他和戈培尔博士以及希特勒做著名广播时用的同一个声音宣布："我给你带了个德国间谍来登记！"接着他转向我，用磕磕巴巴的德语说道："不对吗？"

听者的反应正如他所预料，整个警察局里都回荡着笑声。没一会儿，我就得到了一张登记卡，上面的所有限制都被当即解除了，我成了国王和昆汀·雷诺兹的私人敌侨。

↑伦敦，1941年6至7月，空袭典狱长约翰·布拉姆利接替伦敦兰贝斯区二号哨所的守卫。“闪电战”期间，布拉姆利每天工作24小时。

↑伦敦，1941年6至7月，防空洞里的茶歇时间。

↑伦敦，1941年6至7月，圣约翰教堂，位于滑铁卢路附近遭到严重轰炸的考克尼街区。

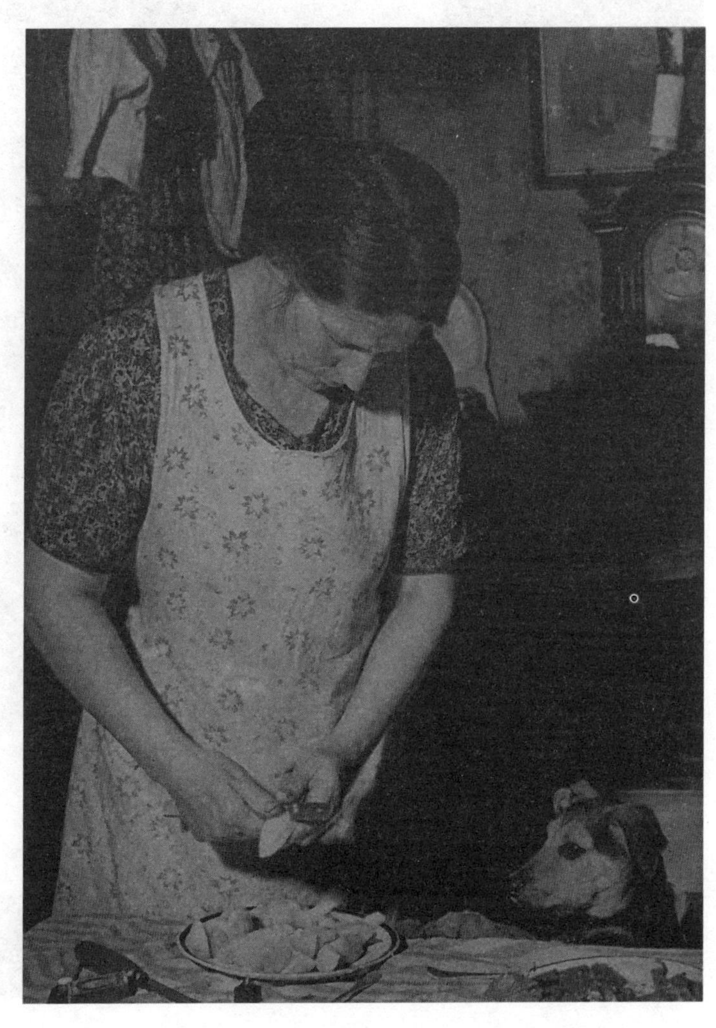

↑伦敦，1941年6至7月，住在靠近滑铁卢路维奇科特街的吉布斯女士。卡帕曾在吉布斯一家待了数日，以拍摄他们一家的日常。

↑伦敦，1941年6至7月，一位母亲在朗读她应征入伍的儿子的信（注意他的照片，在右下角）。

↑英国哈德福郡，1942年。为了赢得战争，一位前伦敦百货公司的职员正在接受训练，成为挤奶工。

之后，警察局的督查向我们索要昆汀的签名，以及给俄罗斯战争的救济捐款。这场战争远未胜利，但英国人仍旧非常感谢俄罗斯人。

我们的下一站是美国陆军部的公共关系办公室，位于格罗纳夫广场。我们的入场要低调许多，而且接待员也稍显冷淡。掌管公共关系办公室的长官认为，我的国籍对于简化问题毫无帮助。如果我收到任务，去为派驻在英国的美国陆军部拍摄任何照片，他能给我一张参观设施的通行证；但我必须先得到情报局的认证，才能作为战争记者被定期派往美国陆军部。“情报局”这个词，在侦探故事和军事语言中也叫作“军情处”，这给我留下了深刻的印象。昆汀把我带进一扇门，门上画着一个大大的G-2标志，他祝我好运，还建议我尽量顺从、开门见山，尽量不要像个匈牙利人。

我以为会遇到某种盘问，也表现得更加顺从。但我发现“盘问的人”就坐在一张大大的桌子后面。她身材娇小、性格活泼，鼻子微微上翘，披着非常美丽的红发。她是英国人，还是总司令的高级秘书。

我解释了来访的事由，结束时还简短地说了我的人生经历。实际上，我忘记了得到过的所有好的建议，而且表现得是个彻底的匈牙利人。在故事的结尾，她笑了，然后提到我有双非常明亮的棕色眼睛，穿上美国制服也许会非常好看。我们做了协商：她会让我穿上制服，而我在穿上制服的那天，得带她出去。她向我保证，她会搞定一切，而我有了一种感觉，似乎就连我那灰色的法兰绒裤子都准备到位了。

* * *

第二天早上，在萨沃伊酒店，一位体面的侍者把我叫醒，还用一个漂亮的银盘给我拿了杯茶、冷的炒鸡蛋和三封信。他把托盘放在一张桌子上，我在那里一股脑儿地扔了旅途以来拍摄的四十八卷尚未启封的胶卷、一大捆越来越厚的证明文件，还有一些《科里尔》的预付款中剩下的绿色美金。然后，我悠闲地打开信件，它们真实地反映了我合法且幸福的新处境。美国陆军部写到，在等待认证之前，欢迎我去参观驻扎在切尔维斯顿机场的一批空中堡垒轰炸机，并拍点照片。一份名为《画报》的周刊，非常希望能获得我的报道的英国版权，并为我的每篇报道开价一百英镑，但他们没附上钱。还有一位英国记者，一个叫亚德利先生的人，他的妻子弗拉尔是我在纽约的一位朋友的姐姐，她邀请我在周末或者方便的任何时候，到他们在美登赫的家和他们共度时光。

吃完早饭，我穿戴整齐，决定去拜访我的前雇主——《时代》和《生活》杂志——的伦敦办公室。《生活》杂志是我的第一份正式工作，那是很早以前在西班牙内战的时候，我刚开始为他们工作时就常常待在伦敦，而且这个办公室的人对我非常好。

由于空袭，迪恩街上这栋古老的灰色建筑，看起来变得有些破旧。隔壁的酒吧“巴斯之家”，现在装了木质镶板，而不是玻璃，但还是非常乐意开门做生意。我开始觉得心里暖洋洋的，但又有点怀念往昔了。

克罗基和多罗西，这两个爱尔兰女孩其实在五年前就在管理这家办公室了，现在还在那里。克罗基现在是首席调查员，但在五年前，她还只是个秘书，那时候，她就常常帮助我，将我的英文说明文字润色得更地道。她发现，跟上次到那里比起来，我的英语长进到基本能让人理解了。我向她展示了我关于《舰队指挥官》的文章，而我的文学成就让她激动得无以复加。她建议我在文章上做少许的删减，然后又花了四个小时把它打出来。同时，为了纪念旧时光，《生活》杂志的暗房里挂出了我为《科里尔》拍摄的照片。之后，我们下了楼，而我则试图在“巴斯之家”里用粉红杜松子酒表达感激。

* * *

第二天早晨，一位来自《生活》杂志的信使送来了一百张照片和十页打出来的《护航队的海军准将》，一式三份，署的全是我的名字。我送了一份去审查，一份给《科里尔》，还把第三份带到了英语图片杂志《画报》。《画报》的编辑看了这些照片，读了这个故事，然后问我，我是否反对把自己的照片和履历印在故事上，以及“著名美国摄影师”这样的描述会不会冒犯我。当然不会，我回答。然后他给了我一张一百五十英镑的支票。

我在萨沃伊酒店兑现了支票，还问了门童去切尔维斯顿的下一趟列车。切尔维斯顿是一个守备良好的英国机场，被年轻的美国空军第三零一轰炸大队占据了。他们有四十八架空中堡垒轰炸机、一些单调的营房，以及齐膝深的烂泥。持有的“参观设施”许可让我轻轻松松就进去了。特殊设备官员给了我一张有三张毯子的铁床，一份世棒午餐肉罐头当晚餐，然后把我留在乱糟糟的大厅外——就在一堆烂泥的中间，还告诉我自便。

我在那里还穿着平民的服装，但周围全都是穿着制服的年轻人，不过他们显然没有注意到我。我觉得一点儿也不自在——实际上，我根本不知道在这里要怎样才能自在一些。

每个人似乎都在前往特定的一个营房，我决定随大流。于是进了一个俱乐部的房间。我绝望地希望能有人和我说说话。过了一会儿，吧台后面的一等兵问我想喝点什么。我感激万分，点了杯别人喝的那种温啤酒。周围都是年轻的飞行员，有的是第一批驾驶飞跃欧洲的著名空中堡垒的人，看起来安静而且温和。一部分人在读老旧的美国杂志，其他人都各自坐着，写着没完没了的信。唯一一个称得上活动的事情似乎是在房间的中央，一群人围绕在一起，在他们的中间藏着一张大桌子。

我刚挤进去就听到有人在喊："大还是小！"他大喊着还把桌子中央的许多钱排了个序。我看了一会儿这个游戏，但是看不出来他们在玩的是什么。那应该是某种纸牌游戏，我最后断定，那肯定是一种技巧性质的游戏！不久，一个小伙子站起来离开了游戏，这下就是我自便的机会了。我被亲切地接纳了。他们发了我两张正面朝下的牌和一张正面朝上的牌，还和我要了二先令六便士[①]。接着，他们分次又给了我三张正面朝上的牌，最后又是一张向下的牌。在给每张牌之后他们都要了钱，而且最后一张向下的牌还要了我两英镑。等分好了所有的牌，玩家们就开始给自己报数。有的人喊"大"，有的人喊"小"。我认真研究了手里的牌——有的牌上有脸，有的数字更小。所以我说"有大有小"，但并不是所有人都相信我。他们要求我展示三张正面朝下的牌。我做了……他们哄堂大笑……其中两个人还往罐子里扔了钱。

过了一会儿，我回到房间拿相机，甚至还给玩扑克游戏的人拍了照片，还有读杂志的人、写信的人、喝着温啤酒的人，和沉迷听留声机的人。

午夜，俱乐部的房间都空了——早上会有一个任务，男孩们还希望能早点得到简报。我们在五点钟醒了过来，然后急急忙忙前往简报室。一个官员详细地说明了天气的细节，另一位官员描述了目标的形状；而第三位官员详细说明了高射炮的数量，以及他们可能遇到的敌军战斗机的数量。到了六点，每个人都回到了俱乐部的房间，等待出发的信号。等待是漫长的，而且让人紧张，没有人说一个字。这还只是第三次飞越欧洲的任务。

到了九点，喇叭宣布，法国领空已经关闭……每个人都能回去睡觉

① 便士：英国货币辅币单位。在1971年前，1英镑合240便士。

了。男孩们又生气又失望，他们回到烂泥里、杂志上、信件中、温啤酒里，还有扑克中。

相同的流程持续了四天。我拍了大量的照片。我练习玩“高低”游戏，还学会了其他有趣的新扑克游戏，叫作“在海里吐口水”“棒球”和“红狗”。到了第五个早晨，我的英镑全都花完了，但这次任务并没有被取消。我陪我的扑克朋友们到他们的飞机上去，从各个角度给他们拍了照片。一个叫作毕肖普的年轻中尉是最后一个出发的，在爬上控制室之前，他摆了个姿势拍肖像照。他只是一个小个子，但他的鼻子和他的战机的鼻子惊人的相似，所以我把它们放在了一起。我对这个组合非常满意。

飞机起飞了。我在控制塔里等了漫长的六个小时，第一批返航的空中堡垒才出现在地平线上。他们靠近时，我们开始数数。早上还有二十四架飞机，组成了漂亮的队列。现在，数遍整个天空，也只有十七架。

它们在控制塔的上空盘旋，等待着陆许可。其中一辆飞机的起落架被击落，机组上有人员受伤。塔台安排它率先试着用底部降落。我准备好自己的康泰时相机，还在飞机安全停稳时，录完了一卷胶卷。我跑向飞机，认真摆弄我的第二台康泰时相机。舱门打开了，其中一个人被交给等待的医务人员，他还在呻吟。而另外的两个人再也不会呻吟了。最后一个离开这架飞机的是飞行员。他看起来状态良好，只是在前额上有轻微的伤口。我靠过去拍了个特写。他中途停下，哭了起来：“你等着拍的就是这种照片吗，摄影师？”我关掉相机，离开回伦敦，连再见也没有说。

在回伦敦的火车上，我的包里装满成功曝光了的胶卷，但是我恨自己和自己的职业。这种照片只能是给送葬者拍的，而我不想成为那样的人。如果我要去参加士兵们的葬礼，我发誓，我一定是和他们一起上过战场。

↑英国切尔维斯顿，1942年11月。一位美国第三零一轰炸大队的小队长和他的成员在认真听取简报，他们将在白天轰炸圣纳泽尔，从那里派出的潜艇威胁了前往北非的美国船只。

↑英国切尔维斯顿，1942年11月。美国第三零一轰炸大队的一位领航员。

* * *

第二天早上，在睡过头之后，我感觉好多了。在刮胡子的时候，我和自己做了一场对话，我想：作为一名记者，同时又过于多愁善感，这是水火不容的。只有小伙子们围坐在机场上的照片，却没有他们被伤害和杀死的照片，那会造成错误的印象。死亡和受伤的照片能够向人们显示战争真实的一面，而我很庆幸，在我变得故作多情之前，我拍了那一卷胶卷。

《画报》杂志打电话来询问我的报道，我毛遂自荐般说那“好极了”。他们说会立刻派个人过来拿走底片，然后在他们的暗房里把它们洗出来。

我没有忘记机场，而且比以往更迫切地加入军队。我带派特——美国陆军情报局的红发秘书——出去吃午饭，看看我的认证能不能加快。她告诉我，我的认证进展顺利，并且我从裁缝那里订购一套美国战争记者的制服也不会有多少风险。

裁缝对于美国官员的制服应该长什么样十分有自己想法，布料的颜色和一般的衣服有些微的不同——但更加美观：我是这么认为的。我希望我的认证能够在六天内得到通过——而裁缝承诺，制服会在那个时候完成。

我回到《科里尔》的办公室，向昆汀·雷诺兹汇报好消息。他还加了一些他带来的好消息：在美国的《科里尔》杂志收到了我的护航队的文章，而且会用四个版面来刊登。我告诉他我参观了空军，他提醒我小心欲速则不达。他还建议我出去走走，熟悉熟悉伦敦的精神，为此，他给了我几个地址，以及在哪里也许能找到这个精神的一点提示。

伦敦的精神——在闪电战刚刚结束，但是美国完全入侵英国之前——是开放和诱人的。我很快就找到了它，还有一些别的东西。整整六天，我都在感受这些精神，还在最古怪的地方发现了它们——但不包括萨沃伊酒店。上帝在六天里创造了世界，而在第七天选择了宿醉……

当我打开萨沃伊酒店的房门时，我很想躺到床上，但我有访客。在房间里踱来踱去的是《画报》杂志的编辑斯普纳先生，以及一位美国陆军少校。少校的手里紧紧握着一份《画报》杂志，他把杂志怼到我的鼻子底下，然后用手指戳着封面。

“这张照片是你拍的吗？你知道你做了什么吗？”

我立刻就认出了封面上的照片。它是我在机场上拍到的照片中最喜欢的一张。它印刷得非常好。

“当然，”我回答，“那是毕肖普中尉和他的空中堡垒轰炸机。”

“见鬼的毕肖普中尉。”他大喊道，愤怒地指向空中堡垒轰炸机鼻子上的一个黑色小东西。这个黑色的小东西对我而言什么都不是，但到那个时候我才知道，它具备灾难的所有特征。少校并没有让我疑惑太久。

“那个黑色的小东西，那是美国空军的头号机密！”他都快呛到了，“那是诺登炸弹瞄准器！”

我不知道。空勤人员一直执行着严格的命令，在没有实际使用时，要把那个黑色的小东西盖好，毕肖普的投弹手提前五分钟掀开了那块帆布。我试着解释，我唯一的兴趣是轰炸机的鼻子和毕肖普中尉的鼻子很相似。斯普纳解释说，因为他在过去一周都联系不上我，所以我只能和美国审查部门解释，他已经把照片提交给皇家空军审查员了。他们非常清楚那个黑色的小东西是什么。

这本揭露真相的《画报》杂志将在三天后出现在报刊亭上。斯普纳提出召回和摧毁已经印好且等待发行的四十万本杂志。

“那将挽救你，斯普纳先生，”少校说道，“但拯救不了卡帕。他无权向你展示他的照片，除非他先通过美国的审查。”

斯普纳赶紧去停止印刷和中止发行。少校把我关在房子里，然后离开去向首脑们做汇报。我瘫倒在床上，旁边是一个盒子，里面装着我的新战争记者制服。我很确定，我再也不会打开那个盒子了。但是我错了，那天下午，美国公共关系办公室通知我，他们有义务对我进行认证——因为未经认证的平民是不能接受军事法庭的审判的。

我打开了这个盒子。

* * *

第二天早上，我出现在由公共关系和情报官员组成的预审上。他们的工作是决定我是否要在军事法庭被审判。

到达时，我意识到的第一件事是，我的制服和他们的制服完全不同，就算有的地方相似也纯属巧合。我担心这会是压垮骆驼的最后一根稻草。

我用大量的细节和足够的真诚声明我是无罪的，但我越激动，说的英语就越难被听懂。在无罪陈词的过程中，他们冷冰冰地让我停下，然后兀自开始讨论。我可以非常清楚地听懂他们在说什么。当门打开时，他们正在某种争吵的边缘。接着，首席法官走了进来，毕肖普中尉尾随其后。

毕肖普做了发言，并狡黠地保证，我不会——也不能——区分出纸牌中的一点和二点，更别说区别出一听C-口粮[①]和诺登炸弹瞄准器了。所以整件事显然是捣蛋的小妖精导致的。在这个早期的战斗阶段，我的案头陪审团无法和飞行员毕肖普争论。我被训斥了一顿，获得释放——还得到了认证。毕肖普和我前往酒吧。

“顺便问一下，”他问我，“你的马桶在哪里？”

---

① C-口粮：一战后期配备给远离要塞或者战地厨房的士兵的罐装口粮。

* * *

在萨沃伊酒店的整个《科里尔》办公室和酒吧的人，都对我的制服有了深刻的印象。他们最终认同，它的剪裁是美国式的，但又属于英国殖民地的颜色。我决定庆祝一下。

我邀请了红发秘书派特来参加约定好的晚餐，我们还喝了香槟。喝完第二瓶之后，派特再也想不起来我是谁了，喝完第三瓶，她连自己的名字和住址都忘了。我知道，如果我不能把她送回家，那这次只能让牧师——而不是主教[①]——来平息这场风流韵事了。

我们上了一辆计程车，然后派特就晕过去了。我试着叫醒她，但是她神志不清。我只剩下一英镑的钞票了，看着计程车的计价器，我越来越焦虑。我又晃了晃派特，当我抬头看时，计程车的计价器显示了一英镑十先令。我搜空了口袋。接着搜刮派特的口袋。在她的钱包里，我发现了两英镑，还有一张自带酒水的宴会的会员卡，上面有她的名字和住址。我在海德公园的九曲湖停下了计程车，把派特的脑袋泡进水里两次，然后把她送回了家。

我喝得非常多、非常尽兴、非常有酒德，我对自己非常骄傲，而且非常坚定地决定，再也不和红发女孩们喝酒、赌博，或者做任何事。

我想要说到做到，于是我跌跌撞撞地扑到桌子前，给战争记者卡帕写了张纸条："禁酒、禁赌、禁炸弹瞄准器、禁女孩。"我把这张纸条放在我的制服袖子里，然后就不省人事地晕过去了。

---

① 毕肖普的英文名 Bishop 也有主教的意思。

↑伦敦，1943年1到2月。一位美国官员在逗他的兵营“领养”的战争孤儿。

第二天早上，我头痛欲裂。我记不起来发生了什么，直到发现这张纸条。我相信远离麻烦的最佳办法就是离得远远的，于是我决定，在启程往北非之前，去拜访这个国家的亚德利夫妇。我把我的电话号码留在桌子上，然后搭上了前往美登赫的火车。

刚抵达亚德利的家，我就知道自己安全了。我会在壁炉旁读侦探小说，会和亚德利先生争论战争和俄罗斯，还会在晚上九点钟就去睡觉。

* * *

他们见到我穿着这么漂亮的制服都高兴坏了，还说吃点东西、喝点黑咖啡也许会更好。我们在桌子边坐下：亚德利夫妇、他们的房客，还有我。这位房客是一位年轻的女孩，就坐在我旁边。但是我不看女人，尤其当她们是有着浅金色头发的微胖女人时。喝完咖啡，我解释说因为参加完庆祝入伍的聚会，我那天的状态不太好，我很需要能让我恢复精力的东西，那就是一张大大的椅子和一本好书。

我陷进那张大大的椅子里，打开那本很好的书，然后睡着了。十分钟之后，我被留声机巨大的嘎嘎声吵醒。这位小小的、圆圆的房客正在播放提诺·罗西。我揶揄说我讨厌提诺·罗西，还注意到她其实根本就不胖。她穿着长裤和毛衣，我想她的身材可能还不错。而且，她的头发其实并不是真的浅金色，而是某种泛金的粉色。我立刻闭上了眼睛。她把提诺·罗西放得更大声了点，当我睁开眼睛时，她背光站着。她有张相当精致的英式侧脸，似乎还有双灰绿色的狭长双眼。我站起身，走到阳台外面睡觉。

当我再次醒来时，起居室的壁炉里已经升起了温暖的火焰，留声机里正放着一首伦巴。房客现在穿着一件紧身的黑色裙子。

“我的名字是伊莱恩。”她告诉我。我意识到，这一次要闭上眼睛就很难了，但非常庆幸的是我跳舞很烂，这样我就能坚守那个优秀的解决方案了。她说，她希望我喜欢伦巴胜过提诺·罗西，而我说出了我真实的舞技。为了证明自己很诚实，我邀请她和我跳一次舞。她却说我的伦巴跳得并不是那么糟糕，而且用不了多久就能有长进。我回答，说在十年里，没有人成功让它有过任何长进。她说她有个全新的主意，我担心我也有了一个。

亚德利夫妇们下了楼，问我喜不喜欢那本书。我只好承认，我把时间都浪费在学习跳伦巴上了。“尤其是，”我补充道，“在北非没有人跳伦巴，但我其实就要去那里了。”

粉发女孩指出，要是我到死都没学会怎么跳舞，那就是个巨大的遗憾，亚德利夫妇还同意了。

我们用一瓶香槟致敬北非，我的伦巴还真的进步了，而我开始叫那个女孩“小粉”。她似乎不是很介意，但是她关掉了留声机，拿起我的书，开始阅读。我回到留声机旁，放起了提诺·罗西。

亚德利夫妇几人大笑起来，提出他们最好回去睡觉。“小粉”从书里抬头看着我，说道：“我觉得你是个彻头彻尾的傻瓜。”

我回答：“我觉得你是个彻头彻尾的嘲弄者。”她告诉我那可不是什么好词儿，在那之后，我告诉她她的嘴唇尝起来像草莓。

“在英国没有多少草莓，”她说，“但是在这里生长的少数草莓品质极好，十分有名。而且不管怎么说，我没有嘲弄你。”

我那时候才知道，她不是在戏弄我。我很高兴她兴奋了，而且我喜欢上她了。

电话响了，还是找我的。是萨沃伊酒店打来的，说他们花了两个小时试图联系上我，因为来自美国公共关系办公室的克里斯·斯科特上校每过五分钟就打来一次电话。我放下电话听筒，然后拜托“小粉”开车送我去车站。

在车上，我告诉她我有多高兴要去北非了，以及除了敌侨，我还是个吉普赛人和新闻记者；还有，我非常遗憾，但也非常高兴，因为她可爱得无以言表。她一言不发，只是让我在车站下车，然后连句再见也没说就迅速开车走了。

克里斯·斯科特是个非常好的年轻上校，对我在大半夜里仓促赶来感到十分抱歉，因为明天赶到也是来得及的。但我告诉他，在某种程度上我很乐意这么做，而且他的电话来得刚刚好，因为我唯一想做的就是去北非。我跟他说了“小粉”。

他拿出一瓶苏格兰威士忌，提议为我幸运的逃离干一杯。我告诉他这酒尝起来可真的比草莓好多了。他犀利地指出，他喜欢草莓，而且在我去北非的时候，他很可能会待在伦敦。我告诉他，我知道的一切就是人们称呼她为“小粉”，而我忘了问她的全名以及电话号码。

克里斯说那可太糟糕了。但我发现，我遗憾的不仅仅是不知道她的名字、住址，或者电话号码，而是如果我有了这些信息，我就不会扔掉它们了。

第二天早上，我打电话给亚德利夫妇道谢和告别。我漫不经心地问道，伊莱恩是否在电话旁，但亚德利先生说她已经出发去镇上了。他没有主动告诉我更多的信息，我也没有再问了。

我的时间很赶。美国军队给了我任命，英国人给了我出境许可。他们说如果想回来，那我将需要一张新的签证，而且不幸的是，就算我穿着美国的制服，我严格上讲还是个匈牙利人。

火车开往格拉斯哥，我在那里登船，然后在那天晚上七点三十分从尤斯顿站离开。我到得太早了，就决定应该去庆祝一下要离开的事，于是我去寻找酒吧。酒吧十分拥挤，唯一的空座是一张桌子，一个女孩独自一人坐在那里。她不胖；她也不是金发；她有着粉色的头发。她看向我，然后说道："我期待着你能早到。"她没告诉我她是怎么发现我的车次的。我询问酒吧女服务员她是否点了香槟，她点了好大一瓶。我们互相干杯，接着"小粉"唱起了一首老套的法语歌《我等待》[1]，酒吧老板娘也变得伤感起来。当我们赶到火车站站台时，已经是上车的时候了。一个海军小伙子占住了整个窗户，在和他的女孩吻别。火车就要开动了，于是我朝那个家伙大喊："分我一半！"

他头也不回地回答："美国佬，我是不会和任何人分我的女孩的！"

我说："不是女孩——是窗户！"

他挪开了，而我勉强亲吻到了她的嘴唇，它尝起来依旧像草莓。我坐回隔间，但还是不知道她的名字和电话号码。

① 原文是法语。

ROBERT CAPA

第四章　1943年春

我乘坐一艘正规的军舰到达了阿尔及尔。这艘军舰上载着一个刚成立的苏格兰师[1]前往北非，他们是春季战役的增援部队，这场战役早该占领突尼斯了。

等船靠岸时，我已经非常熟悉自己的军装，其他人也是如此。船上的每个人都期待着战争中奇怪而又神秘的东西，而我——以及我的口音——成了最古怪也最神秘的东西之一。

这一次，没人想拿走我的相机、质疑我的出现，或者要求任何护照。阿尔及尔的公共关系官员告诉我，战争远在几百英里之外的突尼斯群山之中——大规模的攻势随时有可能展开。他们给我提供了一部吉普车、一个铺盖卷儿，还有一名司机，然后我们就出发了。我希望自己能赶上这场战争。

我们日夜兼程，终于到达了在费里亚纳的陆军总部。大规模的攻击早已开始，我们的装甲部队在加夫萨也有了突破。

---

① 苏格兰师：英国陆军架构的一部分。

战争出乎意料的进展让我感到沮丧，我和司机一道出发追赶第一装甲师。开了整整一天之后，我们才到达加夫萨的村庄。我总算赶上了至少是战争的尾巴吧。我决定美美地睡上一觉，再启程追赶先遣部队。

陆军让我临时住在一间阿拉伯校舍里。黑漆漆的校舍里，地板上铺满了铺盖卷儿，而且只有一个位置——最靠近墙边上——还没有人。我解下自己的铺盖卷儿，然后钻了进去。我做了个梦。就在突尼斯的大门前，我赶上了装甲部队，还跳上了领头的坦克……我是唯一一个拍到隆美尔被捕的摄影师……在小镇的中央，一枚炮弹爆炸了……我的脸被烧毁……

我清醒过来，试图睁开自己的眼睛。我的脸疼得厉害，眼睛还睁不开。在我做着英雄梦时，我肯定是受伤了。我大喊着寻求帮助，接着听见有人走向我的铺盖卷儿。

“你想干什么？你这个白痴，讨厌鬼！”他问道，“你难道不知道，只要在阿拉伯的房子里挨着墙，你就会是臭虫的盘中餐吗？”

我用手指推开肿胀的眼皮，把脸藏在墨镜后面，然后走出去寻找我的司机。

我们回到了马路上。我开始厌恶这场战争，战争记者的生活一点也不浪漫。我们在一条缓慢、颠簸的路上开了好几个小时，穿过一片空荡荡的沙漠。不管是敌是友，我们一个活物都没遇到过。我们发现的不过是几个一点儿用处都没有的设备，那还是德国人扔下的。

↑突尼斯共和国，埃尔古塔尔，1943年3月。

↑突尼斯共和国，马克纳西，1943年3月22日。一位美国士兵和一位当地居民分享香烟。

人有三急，我不得不停下吉普车。但是有了前几个晚上的经历之后，我一点儿也不想拜访阿拉伯文化机构的洗手间了。那里肯定不会有女孩，而且我的眼睛还看不清，我也不想离吉普车太远。在离马路几码远的地方，我发现了一丛诱人的仙人掌，于是连忙跑了过去。

这些非洲仙人掌正常得很，只不过在它的影子中间立着个小小的、木质的路标。它越变越大、越变越大，一下子把我吓得目瞪口呆。路标上写的是德文，但是非常容易理解，透过墨镜，我读出了："危险！地雷！"

我没有跳，也没有动。我甚至不敢做任何事情。我得赶紧做点什么，但随便干点什么都能让地雷爆炸。我向司机大喊，说出现在的尴尬处境。我告诉他，我就站在雷区的正中央。他似乎觉得这个情形十分滑稽。我可看不出有什么可笑的，我甚至都不敢原路返回，因为第一次没爆炸的地雷，搞不好现在已经改变主意啦。我催着他赶快开走，然后带个有地雷探测器的家伙回来。

我那时候刚刚脱下裤子。在一片孤独、空旷、寂静无声的沙漠中，我冒着死亡的危险，牢牢地钉在沙子上，背后是一丛愚蠢的仙人掌。我要是就这么死了，那讣告也太不堪入目了。

几个小时之后，司机回来了，还带来了一个排雷队和一位《生活》杂志的摄影师。趁我的周遭在排雷，这个《生活》杂志的家伙拍了很多照片。他告诉我进攻中止了，而这些照片毫无疑问会是今天最有趣的照片。

隆美尔的精锐装甲师赫尔曼·戈林被派来阻止我们前进。失望的新闻记者们只好返回，并在加夫萨外几英里的小型绿洲里扎起营地。

到了晚上，回到新闻营地之后，我的事迹几乎家喻户晓。战争记者们还没得到允许去报道中止的战争，所以我的小小冒险就成了"家书"部门里最受欢迎的故事。看着他们都在给自己的妻子和爱人写信，我忍不住想起了"小粉"。但我感到如释重负，毕竟我也不知道她的住址。我可不觉得我的冒险有什么精彩的。

* * *

午夜前后，为绿洲新闻营地的帐篷提供电的发动机吭哧吭哧响了起来，于是我们上床睡觉了。我一再确认了，在我这撒哈拉的小小角落里，没有地雷，也没有臭虫，我也不想做任何梦了。但我还是做了梦，在梦里，黑漆漆的天空中悬挂着红色和绿色的照明弹……红色的子弹……爆破的炸弹……各种各样神奇的东西。我在睡袋里翻来覆去。

第二天早上，等我醒来的时候，我头上一顶帐篷都没有了。营地在夜里被炸了。爆炸炸毁了所有帐篷，但是没有一个人受伤。人们对我又是嫉妒又是羡慕，因为我竟然一夜安睡，没被吵醒。雷区插曲终于被遗忘和原谅了。

* * *

《时代》杂志的比尔·朗和《大兵》杂志的恩尼·派尔都是北非战役的老前辈，他们带我到他们的吉普车里去。他们保证，会在顾及我的安全和照片的情况下，帮我找到尽可能多的战场。这一次的路况好多了，路程也短得多。我们前往埃尔古塔尔，第一步兵师就是在那里阻挡了德军主力的反击。

抵达前线之前，我们就发现了许多战场。德国战斗机在低空扫射道路，我们不得不每隔几分钟就停下吉普车，跳进壕沟里进行掩护。

↑照片背面：突尼斯共和国，埃尔古塔尔，1943年3月23日。这一天，美国军队在乔治·S.巴顿将军的指挥下，进行了一场戏剧性的坦克和步兵战斗。结果，美国在这场对战德国的战争中，取得了第一次决定性胜利。

有很多惊险刺激的时刻，但我一张照片也没有拍。

比尔和恩尼停在了师队的总部。我着急忙慌地拍下第一批照片，而他们叫我往前走，穿过两座小jebel（就是阿拉伯人所说的山），然后躲在山中间的wadi（阿拉伯语言中的山谷）里。“谁都知道战场在哪里，随便问”他们说，“你不会错过的。”

我找到了小山和山谷。第十六步兵团已经驻守在那里了，大兵们在深深的散兵坑里写信或阅读口袋书。我问他们战场在哪里，他们指向了下一座山。在每个山谷，他们都指向高处的一座山，而在每座山，他们又指向了低处的山谷。

最后，在最后而且最高的一个山顶上，我发现了大约五十名士兵，他们正在休息并加热一罐罐的C-口粮。他们的脸死气沉沉，我走向他们的中尉，询问射击发生在哪里。“很难说啊，”他回答，“我的排不过是前线中的一个，只是在最靠前的位置。”

他给了我一罐C-口粮来安慰我。正当我要挖一勺恶心兮兮的炖菜时，一枚炮弹呼啸而过，我立刻趴到了地面上，身上洒满了肉和豆子。那肯定是一枚德军的炮弹，但是它在几百码以外的地方着陆。当我抬起头时，这名中尉——他可没趴下——正居高临下地看着我。他得意扬扬。我尴尬地站了起来，掸掉豆子，告诉他，在我看来，这场战争就像个上了年纪的女演员：越来越危险，越来越不上镜。

下一次炮弹袭来时，中尉也猛地弯下了腰。德国人来真的了，他们先是用大炮炮轰山顶，然后用五十架坦克和两个步兵团挺进山脚。现在我们的坦克歼击车已经出动，即将在开阔地带和他们一决胜负。

三位将军加入了正面看台，为士兵们加油打气。巴顿指挥的是第二军，特里·艾伦和泰迪·罗斯福指挥的则是第一师。次次击中德军坦克之后，戴着三星头盔的巴顿高兴得神采奕奕；特里·艾伦则拿起无线电对讲机亲自指挥他的军队；泰迪·罗斯福还愉快地晃起了手杖。

下午晚些时候，德军撤退了，留下二十四架烧毁的坦克和许多死透了的德国佬。

我拍了各种各样的照片——尘土的照片、硝烟的照片，还有全景式的照片；但它们都没有我亲眼看到和感觉到的那么紧张，以及充满战斗的戏剧性。

* * *

我们向海岸和突尼斯的突围陷入了困境，但成功阻止了德国人的攻击，并夺回了加夫萨。第一师在埃尔古塔尔的群山之间奋战了三个星期，每一天我都拍摄了同样的尘土、硝烟和死亡。

太阳落山之后，我们就会回到新闻营地。战争记者们敲打下他们的文章，我则寄送我的照片。没有人讨论这一天的事情。我们喝着阿尔及利亚葡萄酒，谈论着“家里的那个女人”。每个人都谈到了自己的那个女孩——那几乎是世界上最让人心潮澎湃、最不可方物的人了。然后，他们往往会掏出一张模模糊糊、难以辨认的照片来证明。

我只是简略地告诉他们，我的女孩是粉色的。

在谎话连篇地吹嘘和美化家里的那个女孩时，那群筋疲力尽、不解风情的记者听得一本正经，可到我这儿就爆发出恶心的哄堂大笑。他们说粉红女郎是不存在的，我应该像其他人一样，合乎时宜地撒个关于金发女郎、棕发女郎或者红发女郎的谎。可惜我没有照片来自证清白。

但是几个早晨之后，帮我们从阿尔及利亚送信回来的递送员，给了我一个包裹。那里面是一个英国娃娃，用纸巾包裹着，这个娃娃有着一头粉色的头发。再也没有人会质疑我的粉红女郎的存在了。

* * *

在埃尔古塔尔周围，日复一日地观察着同样的群山、拍摄着同样的照片是一件徒劳无功又十分危险的事情。因此，当我接到邀请，可以乘坐飞机而不是爬上群山，还能继续学习打扑克的艺术时，我欣然接受了。这份邀请来自我的老朋友毕肖普中尉，他写信告诉我，他的军队——第三零一轰炸机师——已经转移到北非了，而且方方面面都同意他们在行军途中带上战争记者。

空中堡垒轰炸机被打扁了，飞行员们得到了许许多多的绶带，只有扑克游戏一如既往。我也一样，还在第一晚输得很惨。

早晨，我们执行任务，去轰炸集中停靠在比赛大港口的德军。我和杰伊中尉一起飞行，他在前一晚的扑克游戏里可是大赢家。我看出来了，他小心翼翼地想保住自己的胜利。

我们的空中堡垒轰炸机名叫“杀手”。毕肖普的“小精灵”号飞在右边，我们的机翼都快碰到一起了。在空中飞行很舒服，也有点无聊。氧气瓶治好了我们的宿醉，和下方的炎热相比，两万英尺高空上的冷空气也让人舒适。

飞过目标时，事情开始变得没那么无趣，也开始变暖和了。高射炮的爆炸让飞机猛烈地晃动，炮弹的黑色烟雾在正下方形成了一片地毯，我们只好摇摇晃晃地通过。我们保持着直线队形，直到抵达船只的正上方，然后从打开的机舱里放下炮弹。接着，毕肖普通过内部通话设备大喊“高低飞”，于是我们打破了队形。我们掉转方向、极速下降然后再次爬升，把小小的黑色烟雾和燃烧船只的巨大浓烟抛在身后。我们低空飞过海面，拿掉氧气瓶，扔掉严肃的行为。我们开着玩笑，显然是松了一口气。

扑克游戏的玩家全都回来了，我们又玩了起来。但我还是没把钱赢回来，于是决定再多待一天。这五天里我都在飞行，飞过突尼斯、那不勒斯、比赛大，但我压根儿没有转运。然后，我们有了新的目标：巴勒莫。这里的高射炮比其他地方的更猛烈，还有两个中队的德国战斗机在空中等着我们。他们在空中，就像我们头顶上的小小银色光点，然后他们抖动闪亮的机翼，俯冲向下，变成丑陋的、噼啪作响的怪兽。他们的子弹像缝纫机一样精准，在我们的机翼上扯开漏洞，“杀手”号差点儿就坠落了。在即将落入大海的千钧一发之际，杰伊中尉拉直了飞机。三架引擎依然运作强劲，我们没遇到什么麻烦就回家了。

大多数飞机都飞在我们前头。我们在降落跑道上等其他飞机降落，一直到了天黑。那天晚上我们没有玩牌，一位伙伴失踪了。

第二天我离开了飞行队，还因为在敌方领土上完成了五次任务，被推荐得到了一枚空军勋章。我应该得紫心勋章才对，毕竟我在打扑克上输了五个晚上。

* * *

在和空中堡垒轰炸机飞行的那段时间，我错过了我方最后一次成功攻击。德军遽然溃败，我们的军队进入了突尼斯。

成功的愉悦又令人心潮澎湃。这一天，在突尼斯的街头，我们被数百个老女人亲吻，还喝了一杯又一杯的葡萄酒。我们在一个宽敞、时髦的建筑里发现了一个大公寓，我们在那里写完报道，然后开始庆功。我们从一个被俘的盖世太保的仓库里找到了充足的烈酒，足以保证我们不会唱歌唱到口渴。

午夜前后，有人敲了敲门，一位体面的法国市民走进房间。“先生们！”他喊道，“整整三个月的时间，你们每天晚上都在轰炸我们，那没问题，这就是战争[①]。但是和平现已降临，而我的妻子和幼小的女儿希望能够安睡。”

我们朝勇敢抵抗的法国人的喉咙里，灌了杯德国白兰地，而且保证：明天，和平一定会降临。我从包里找出那个粉色的娃娃，递给这个法国人，送给她昏昏欲睡的小女儿。

成功的宿醉猛烈而且痛苦，战争在这个时刻结束了。酒精一滴不剩，突尼斯所有的漂亮姑娘还都被她们的父亲锁在房间里。

比尔·朗把我带到一边时，我们正热着K-口粮的咖啡，准备吃点早饭。他说他得到了消息，至少还要四个星期下次进攻才会开始。也就是说，这场战争将持续很久；也就是说，任姑娘们日渐憔悴地留在伦敦太危险了。他还说，五天内会有一艘船开往英国。

① 原文是法语。

↑突尼斯共和国，1943年4月。美国战斗机王牌，他光荣地击落了九架德国飞机和一架意大利飞机。

↑阿尔及利亚，君士坦丁，1943年5月。结束白天任务后的美国第三零一轰炸机大队成员。飞机的起落架被击飞了，但飞行员还是用机腹成功着陆了。

两天后，我坐在英国驻阿尔及利亚的领事馆的等候室里。领事是一个典型的、无趣的公务员。他显然对法国人和阿拉伯人都厌烦至极，也不想再搭理美国佬。

“你是一个美国人，你属于美国陆军，你有旅行许可。你不需要签证。”

“我不是美国人，我只是和美国陆军的关系密切，而且我非常需要一张签证。”

他看了看纽约的英国领事为我整理的文件。“太不合规矩了，”他干巴巴地说道，“某些领事给出的自由权限简直难以理解。”他头也不抬地问：“你想回英国的理由是什么？”

“纯粹是个人原因，先生。”

“我给你四个星期，费用是一英镑十先令。”

ROBERT CAPA

第五章

十六天之后，经过了多次的延误，我和比尔·朗终于在一个星期天的早晨停靠在了利物浦。抵达伦敦时中午刚过，我们在那里分道扬镳。比尔前往极好的酒店，而我坐上火车去美登赫。

又是一个周日，亚德利夫妇的家看起来就和六个月前一摸一样。但这一次，当我叩响门扉，多了些许的紧张。亚德利先生开了门："来得正巧，要喝茶了！"

起居室里已经升起了炉火。他们有了一个房客，但她不是粉色的。他们问我在北非的经历如何，我告诉他们那里的战争无聊极了。他们礼貌地回答，英国的战争也很无聊。我慢慢地挪到留声机旁边。亚德利夫人头也不转地看着我，她漫不经心地问道："你在北非的时候，伦巴技术有没有提升呢？"

"我可能还得再上几节课。"我轻飘飘地回答。

"我想你能上到的。"

话头停下了，但我觉得好多了。我们谈论天气和口粮。在谈话的间歇，我拿起一张提诺·罗西的唱片，转向了亚德利先生。"顺便问一下，”我说，“那个之前喜欢这些可怕专辑的金发女孩去哪儿了？”

“伊莱恩·帕克？实际上，她最近都没放过这些唱片。她今天本来是要在这里的，但这个星期天她得在信息部上夜班。她就在那里工作，你知道吧？”

晚饭过后，我说我得回伦敦了。没人想留下我，从美登赫到伦敦的旅途可比从北非到英国的长多了。

我从车站给信息部打了个电话，得知帕克小姐是在美国部，而且半夜才去上班。还有两个小时……

我在凯莱奇酒店找到了比尔，他在那里为我们订了两间卧室和一间起居室。他女朋友的电话一整天都打不通，他以为我的运气不会比他好，还提议拿出瓶威士忌来分享。接着，他又看了我一眼。

“我半夜有约会。”我说。

然后，我开始把自己身上攒了六个月的北非尘土洗得干干净净。到了半夜，我拿起电话，要求出正确的转机，然后认真聆听。

“美国部——我是帕克小姐。”

“帕克小姐，你的头发是什么颜色？”

“你是谁？”

“你最喜欢的歌是什么，帕克小姐？”

“你在哪里？”

“我想我在恋爱中。”

“会疼吗？”

“十五分钟后，我会在你的食堂见你。”

当她走进食堂时，我正站在酒吧边，用手撑着脑袋，盯着前方的酒瓶。她径直走向吧台，把手放了上去，说道：

“你好。”

“你的头发还是粉色的了。”

“你要是让我等得再久一点，就会发现它全是灰色的。”

“你在等吗？”

“没有，我结婚了，还有了六个孩子。”

“我希望他们都长得像我。”

我们转过身，走出酒吧，滴酒未碰。我们绕着这栋建筑走了走，她打破了沉默，说道：

“早上八点，入口的地方。”然后她跑开了。

早晨八点的伦敦街道，灰沉沉、空荡荡。我们找了家茶室，她点了培根、土豆、茶和吐司。这一次，我们俩都非常严肃。

“你是因为我在等你才回来的吗？”

“是的。”

“你会留下吗？”

“不会。”

“你喜欢培根和土豆吗？”

“我想留下。”

我告诉她我得先回到战场去，然后再回来。我解释说，除了战争中可能发生的事情，我自己的处境也相当不确定，我从不知道第二天会发生什么。

“我长得非常漂亮。”

“谁告诉你的？”

“爱上我的人。”

“那你为什么会等我？”

“从第一眼见到你，我就下决心了。”

“这不是在逗我？“

“把账单付了吧。”

早上九点了，我必须去一趟《科里尔》杂志的办公室报道，再告诉他们我有了七天的假期。“小粉”觉得，她可以在这段时间也请个假，我们一起前往萨沃伊酒店。

《科里尔》杂志还在萨沃伊酒店，但昆汀不在那里了，取代他的那个男人说，他从纽约办公室给我发过一封电报。那是写给我的，写道：

“你拍的北非照片棒极了（句号）美国陆军部还在要求共享（句号）这样所有杂志都能用（句号）在我们可以印刷之前任何人都能用你的照片（句号）很抱歉得把你叫回纽约了（句号）我们会付差旅费以及附加三个星期的薪水”

——《科里尔》；纽约

我读了整整三遍，才把它递给“小粉”。我询问《科里尔》的人他是什么时候收到的。就在今天早上，他告诉我。我又问还有没有其他人知道这件事呢。回答是没有。我必须迅速思考，如果失去工作，我也会失去作为一名战争记者的认证。如果我回到美国，加上他们有我的文件，我可能再也无法离开了。在军队发现我被炒鱿鱼之前，我得找个新工作。我向《科里尔》的人解释了我的处境。他很抱歉，但他对此无能为力。我请求他等到中午，给我点时间到其他杂志社去走动走动，看看有没有机会。他很迟疑，但没有拒绝。

“你去吧，”“小粉”说道，“我会在这里等你。”

我叫了辆出租车去了《生活》杂志。

我和《生活》杂志的关系一点儿也谈不上融洽。六年间，我在那里工作过，他们炒了我两次，我辞职了一次。但我和克罗基的关系十分持久而且好得不得了，她负责管理伦敦分部。她非常高兴能再次看到我，也毫不意外我又有了麻烦。她说我立马找到工作的机会非常渺茫，而且她觉得，纽约办公室要是听说我又一次丢了工作，就会觉得我只是为了一时的利益才来这里。不过，她收到消息，地中海附近很快就会爆发大事件，要是我能在美国陆军发现我被开除之前回到北非，而且还能迅速抢到新闻，并在其他摄影师之前得到独家，那这个事情也许就能蒙混过关了。这听起来非常简单——除了它可能性不大——但我只能去试试了。

克罗基给纽约的《生活》杂志打了个电话，说她听说卡帕对《科里尔》杂志十分不满，有机会能把他挖过来。

我坐出租车回到了萨沃伊酒店。进入《科里尔》的办公室时，"小粉"正坐在桌子前，就在电话旁边。房间的另一个角落是可怜的《科里尔》代表，他紧张得就要崩溃了。

我告诉他，一切都会解决的，而且要是在这四十八小时里他不告诉美国陆军我被炒鱿鱼了，那他将会是我孩子的教父。如果我们现在就离开他的办公室，他回答，那至少在七十二小时内，他不会再次想到或者提起我们的名字。

挨着萨沃伊酒店的是伦敦最好的餐厅——"人生"。我必须和"小粉"好好聊聊，所以我们去那里吃午饭。布勒斯坦还有极好的法国香槟，我提议为我的离开干杯。

"什么时候？"

"今晚，必须走。"

她盯着香槟。我告诉她我和《生活》杂志的计划，以及我想我也许可以通过在空军的美国公共关系办公室的朋友克里斯·斯科特订到机票。午饭一吃完，我就给美国公共关系办公室的克里斯·斯科特打电话，可他竟然被转移到北非的某个地方去了！

“小粉”把小小的手指放在嘴里轻轻咬了两下。

“我想我知道该怎么办了。”

她让我出发去拿出境许可，然后五点三十分在梅菲尔俱乐部见她。

护照办公室的安全官员对我周日刚到英国、周一就要离开感到十分怀疑。我告诉他，我不能告诉他任何细节，这牵扯到军事行动。他十分震惊，对我再无阻挠。

“小粉”在六点抵达梅菲尔俱乐部，点了杯酒，说：

“你现在可以走了。我帮你订到了。”

我必须在六点三十分到达航站楼，我告诉她我很快就会回到英国。

“好吧，最好如此。”

我问她我走了之后，她今天晚上要干吗。

“你这个黑心肠的匈牙利傻瓜！我要去和给你那张飞行优先权的官员吃晚饭——让我走吧！”

她轻轻吻了我，迅即跑开。

在黑漆漆的飞机里，在从英国飞往北非的旅途中，我十分确定我深深爱上了“小粉”。而且这一次，我知道了她的名字和住址，甚至还有了她的照片。

ROBERT CAPA

第六章

从空中看，阿尔及尔这座白色之城更加灿烂夺目，蓝色港口则浓郁深沉，挤满了各色各样、不同尺寸的船只。

在艾森豪威尔的公共关系总部，新闻编辑室里空空荡荡，往常拥挤不堪的新闻记者都蒸发不见了，新闻发言人也都消失了。我想知道发生了什么，但是当值的几位军官都含糊其词，他们只知道美国公共关系办公室的官员们都在艾森豪威尔的作战总部。我希望他们能用专线帮我联系一下，回复却是那不可能，因为从前天开始，总部就被封闭了。

我又打了几个电话，终于发现，某地的进攻随时就会开始，这比我预期的快多了。我太迟了，我被落在了进攻圈外，我会拿不到独家新闻，也得不到新工作。我被炒鱿鱼的消息用不了多久就会传到阿尔及尔。费了这么多的功夫，我竟然什么也没得到。只是这下不是从伦敦，而是从这里被遣送回去了。

我在美国公共关系办公室附近晃荡，绝望地希望着之前有过的奇迹。它发生在那个男人的房间里，我在那里找到了一个战争摄影师，他是我的一个同僚，神情十分憔悴。他得了“大兵病”，也就是C-口粮痢疾，而且腹泻发作得太厉害了，只好待在一个地方。他说他曾经训练了好几个月，只为了一项特殊的工作：在他们的第一个重要任务中，和一名空降师一起跳伞。他本已经被派遣到进攻的队伍里了，但因为病得太厉害，他们便在最后时刻把他送回来了。

他对整件事倒是很看得开，反正他也没有特别喜欢跳伞。这是我的机会，用“大兵病”这件事一箭双雕，于是我问他我能不能代替他。他给空降总部送了个消息过去，他们就派了架飞机来接我，我便飞往了凯万附近的一个大型临时机场。凯万就在突尼斯沙漠的中部，那里排列着数百架等待出发的运输机和滑翔机。

我被带到了公共关系帐篷，我的伦敦朋友克里斯·斯科特队长正在那里，他现在是第九空运司令部的公共关系官员。我和他和盘托出了自己的经历。

“所以你现在还是个敌侨喽，卡帕？还在追求粉红女郎吗？”我给他看了看“小粉”的照片。他看了好一会儿：“你要是在这场进攻中死掉就真的太惨了。我就得飞回伦敦，还得和粉红女郎宣布这个悲惨的消息。但为了你，卡帕，我会这么做的。”

他带我去见李奇微少将，后者是第八十二空降师的指挥官，还向他引荐了我。少将倒是十分友好。

“只要你肯在战斗中跳伞并为我的师拍照片，我不会关心你是匈牙利人、中国人，还是别的什么人。你之前跳过吗？”

“没有，先生。”

“好吧，这不常见，但也没什么特别的。”

回到帐篷后，克里斯把全部消息都告诉我了。目的地是西西里，在主要的舰载着陆之前六小时，第八十二空降师将由第九战术支援中心空运抵达。按照计划，我们要在凌晨一点钟跳伞，而驳船将在破晓时分袭击海滩。

克里斯有了一个主意。我会乘坐领航飞机，然后在飞行期间，拍下伞兵跳伞的照片。我自己不用跳伞，而是跟着空的运输机回到凯鲁万。只要我拍到第一个人跳伞的照片，我就有了第一个美国人登陆西西里的照片。飞机会在凌晨三点钟回到基地。我们可以把照片洗出来，然后通过广播告知美国，这样它们就能在进攻的消息发出之前传到美国。我的照片将会和第一个爆炸性头条一起，同时轰炸新闻业。

这个计划在我看来天衣无缝，我开始非常喜欢克里斯了。

过了没一会儿，我们就被叫去听官方的作战说明。战略人员向飞行员和伞兵官员们概述了行动的不同阶段。他们提示说，等我们靠近目标时，将会遇到很多高射炮和大量德军。就是在这个地方，我们也许会“灵魂出窍”。他们确保每个人都了解了自己应该做的事情后，我们就坐着卡车前往等待的飞机。

克里斯和我告别，还说他会在机场等我回来。我没有给他“小粉”的照片，但是——以防万一——我给了她的地址。

我们起飞了，飞机上有十八名伞兵。我不用跳伞，就坐在了飞机的前端，这样，等时间到了，我就不会挡住跳伞者的道了。飞机上黑漆漆的，但是我们一飞过目的地，就没人反对我用闪光灯拍照了。爆炸千千万万，而我的闪光灯灯泡不过是这场大秀中微不足道的一部分。

我们低空飞过了地中海，飞机猛烈地摇晃起来。机舱里黑暗而且沉寂。大多数大兵都在睡觉，或者只是闭目养神。

很快我就听到了奇特的声响。几个大兵已经开始“灵魂出窍”了，在飞机上吐得昏天暗地。我旁边的大兵从开始到现在都十分安静，但现在，他转向我问道：“你真的是平民吗？”

“是的。”我回答。

他又陷入了沉思，但十五分钟后他又问了我一次：“你是说，如果你不想，你就不用必须来？”

“是这么回事，”但我默默地补充道，“你自己知道就好了。”

↑从突尼斯共和国的凯鲁万到西西里的一架飞机上，1943年7月。这些美国伞兵将要发动盟军对西西里的攻击。

他再一次沉默了，但这次的间隔稍短了些：“如果你想，你能今天晚上就飞回纽约，而不是来到这里吗？”

“不可能。”我说。

这下他直言不讳起来：“你做这个能挣多少钱？”

“一个月一千美金。”我撒了个谎。

那之后，他就没有多少时间来思考我的工作了。那片应许之地浮现在黑暗之中，燃烧的屋舍和炽热的油堆将其照得亮堂堂。我方的投弹兵已经先于我们半个小时到达了，打得敌军接待委员会措手不及。

遗憾的是，它还不够出人意料，德军现在在漫天发射彩色曳光弹。飞行员左拐右拐，试着在示踪剂之间找到一个缺口。

飞机前部的一盏绿灯亮了。那是准备跳伞的信号。大兵们都站了起来，拉直各自降落伞上的固定线。我准备好摄像机。接着，红灯亮了——这是跳伞的信号。我旁边的一位是最后一个出去的人。他转过身朝我喊道：“我不喜欢你的工作，老兄。太危险了！”他跳了下去，飞机上空空荡荡。

我独自一人，身边是十八条断裂的固定线，它们在开启的机舱口随风摇曳。我觉得自己比身处地狱还要孤独。要是能和这些家伙沉入脚下的黑暗之中，我愿意付出更多。

* * *

克里斯在机场等着我。他在一个小帐篷里拼凑出一间暗房。在这些涂黑了的帆布下，空气热得几乎令人窒息。为了不让显影液过热，克里斯从食堂军官那里强势地拿了两大块冰来，军官抗议说这本来是要拿去做第二天吃的冰激凌。

我们脱了衣服开始工作，汗水从身上涔涔而下，落入显影液中。就在最后一块冰融化掉的时候，第一张相片洗好了。我们撕开帐篷的门帘，沙漠黎明时清爽的凉风迎面袭来。克里斯的吉普车早就停在帐篷的前面了。我们在湿漉漉的身体上套上衬衫和裤子，然后沿着空荡荡的道路全速奔驰。我们前往突尼斯，前往一个前线的新闻营地，那里的无线电设备和审查是为了西西里战争而设的。

当克里斯在布满弹坑的公路上专心行驶时，我透过半明半暗的光线，看了看自己拍的照片。它们有一点点失焦，一点点曝光不足，构图也肯定称不上艺术。但它们是至今为止西西里入侵中唯一的一批照片，而且肯定会比海上摄影师费力从海滩把他们的照片寄回去要早一天。

七点三十分，我们抵达突尼斯。新闻审查员二话不说，就通过广播把我的照片传输了出去。我们走进新闻营的食堂时，大嗓门的发言人正在正式宣布，西西里的进攻开始了。新闻记者们听到这个消息时都站了起来，我则安静地宣布我刚刚从战场回来。作为一手信息的唯一来源，我一下子就变成了焦点。他们事无巨细地问我，我则对飞行细节进行了细致的讲述，还描述了进攻者从起飞到跳伞时，思想和肠胃的变化。

在采访的时候，克里斯离开了食堂。就在我要吃掉两只刚做好的鸡蛋时，他回来了。他在门口向我招了招手。鸡蛋非常诱人，但是克里斯挥了挥一张黄色的纸条。

到了外面，克里斯说道：“看吧，就是这个。”他递给我那张纸条，我读起那则简讯。

《科里尔》杂志知会阿尔及尔公关部，罗伯特·卡帕不再受雇于《科里尔》杂志。他被命令搭乘最早的交通工具回到阿尔及尔。

我蒙了。我拍了照片，但他们一点儿好处也不给我。知道我被《科里尔》杂志解雇后，图片库会拼命用我的照片——但是不会署我的名字——也不用给我付一分钱。“王八蛋，我要回去吃我的鸡蛋！”我说。

“等等，”克里斯说道，“你还有没有准备好跳伞？晚上还有一个任务：增援部队要跳伞。你要是能和他们一起去，那他们几个星期都找不着你，而且直到明天早上之前，我都不会汇报收到的这个消息。”

于是，我放下煎鸡蛋，克里斯载着我沿着原路返回，回到了增援部队为今晚的工作做准备的营地。

* * *

克里斯顺顺利利地带我进去了，他们还应要求给了我一个降落伞。我们在半夜的时候出发。这是我在二十四小时内第二次飞往西西里。这一次，我和其他伞兵一样绑着固定线，也和他们一样吐得稀里哗啦。关于跳伞，我知道的不过就是，要用左脚踏出舱门，数上一千……两千……三千下，如果降落伞没有打开，那就要拉下紧急降落伞的带子。我心绪不宁，无法思考。我不愿再想了，然后就睡着了。

在绿色的信号灯闪烁之前，他们把我叫醒。轮到我的时候，我伸出左脚，一脚踩进黑暗之中，我昏昏沉沉的，压根儿就没有数数，相反我大喊着：“失业的摄影师跳了。”只觉得肩膀上猛地一拽，降落伞就打开了。“失业的摄影师飘起来了。”我高兴地自言自语。不到一分钟之后，我就掉到了森林中部的一棵树上。

那天晚上剩下的时间里，我都挂在那棵树上，肩膀被后背沉甸甸的重量压着。军官说得对，这不同寻常。我身边有许许多多来来往往的枪击声。我都不敢高呼救命。一听到我的匈牙利口音，两边的人都有可能射杀我。

早晨来临时，三位伞兵发现了我，并割断绳子放我下来。我和那棵树说了再见，我们的关系很亲密，就是待一起的时间有点儿太久了。

* * *

我们这个四人派遣队并不急着投入战斗，而是谨慎地从一棵树旁前进到另一棵树旁，每前进一步都得小心翼翼地检查一番。林木变得越来越稀疏，我们的闲聊也变得越来越长。从最后一棵树的后面，我们瞥见了一个小小的西西里农舍。它就在两百码左右开外的一个空地上。我们用最好的战斗方式，匍匐着爬进了房子里。那三位士兵包围了这座房子，占领了战略位置，准备好用他们的汤普森冲锋枪开火。我没有汤普森冲锋枪，但我是团队里的语言专家，所以我的任务是去敲门。

一位年迈的西西里农夫，穿着一件长长的衬衫式睡衣，打开了门。他看我的样子仿佛我是天外来客。我的连身裤对他来说是一种崭新的制服。我们的臂章都是美国国旗，但是我有点儿地中海风情的黝黑面庞，给他的印象估计超过了一切，因为他忽然喊道："西西里人！西西里人！"[①]然后一把抱住了我。士兵们放下他们的汤普森冲锋枪，快步走进了农舍。我完全不会说意大利语，只好用磕磕巴巴的西班牙语，试着和这个老人解释，只有我的曾祖父是西西里人。他说了一大堆奇怪的词，但有一个词他说了好几遍："布鲁克——啊——连。"一位士兵抓住了这个词，指了指自己："我，布鲁克林人。"

① 原文是意大利语。

谈话一下就简单多了，我们确定了，美国人喜欢西西里人，西西里人爱美国人；而且美国人不喜欢德国人，西西里人恨德国人。寒暄之后，我切入正题：我们在哪里？周围有德国人吗？

我们把丝质入侵地图铺在桌子上。西西里农夫先是夸了夸这块布料的质量，然后把大拇指放在了内陆的一个点上。那儿距离我们的官方降落地区大概有二十五英里。一些德国人会在晚上从那里取道前往海边，他说，但是他们没有停下来过，他也不觉得附近还会有德国人。

他给了我们食物和葡萄酒，然后我们回到了森林。我们在那里待了三天，白天睡觉，夜晚潜行，以便于去炸毁小桥。到了第四天，第一师的先锋发现了我们。我们的战斗力几乎全无，但他们似乎并不意外，更别说还有一名摄影师——我可完全不擅长那些血淋淋的事情。我拍到的唯一一张照片，就是那位年迈的西西里农夫。

* * *

西西里战役变成了一场二十一天的逃亡赛跑。最先逃跑的是意大利军队，他们害怕的不仅仅是美国人，还有德国人，因此四处逃窜。德国人要比意大利人晚一点，但是他们撤退有序。紧跟其后的是失业的敌侨，美国陆军的全部公共关系人员都在追捕他们。在我们的后面是巴顿将军的坦克，它们在尘土中隆隆作响，不断督促我们前进。

在整个过程中，我拍到了很多精彩非凡的照片。但是让它们通过审查还能寄走的唯一途径，就是我逃离的美国公共关系办公室。除此之外，我只有通过图片库才能把它们传送出去，但这对我毫无用处。曝光了的胶卷在我的包里堆积，而发表它们的机会却日益减少。

↑西西里阿格里真托，1943年7月17号到18号。在这座被解放但被严重破坏的城市里，生活在继续。

三个星期不到，我们就实现了主要目标。我们位于巴勒莫的郊区，德国人已经撤退，留下的意大利军队也放弃了战斗。我乘坐吉普车，跟在第二装甲师的第一批坦克后面进入了小镇。通往城市的道路两旁，排列着成千上万疯狂的西西里人，他们挥舞着白色的床单和自制的美国国旗，国旗上的星星数量不足，横条又太多了，每个人都在布鲁克连有个侄子。

欢呼的人们一致认为我是个西西里人。每一位男性公民都要和我握手，年老的妇人都要亲吻我，而年轻的女人们则朝吉普车里扔鲜花和水果，可没有一样能让我拍张照片。

我们一发子弹都没打就抵达了巴勒莫的城门。管理坦克的中尉用无线电联系了司令部，请求获准进入城市。司令部发现镇上没有抵抗之后，就命令我们停下，等待统帅。司令们的命令不容冒犯，我们只能默默等待。不一会儿，军队指挥官凯斯将军在助理和一大群军队警察的簇拥下到达了。宪兵立刻接管，并阻止了坦克、士兵或者战地记者的进一步前进。

凯斯将军命令宪兵们把几名正在庆祝的意大利警察带过来。警察们被带来了，凯斯将军说，他根本不在乎他们是否有罪，他想要的只不过是控制巴勒莫的意大利军官。警察们点了点头说着“好的，好的”，但一动不动。怒气冲冲的凯斯想要一名口译员，于是我自告奋勇。我花了点心思，告诉警察们这个要求。我解释说，将军想要避免任何不必要的流血牺牲，希望意大利将军能向民众宣布投降的条件。警察们点头说“明白，明白”[①]，就和两位宪兵爬上一辆吉普车，出发前往小镇的中心。

① 原文是意大利语。

↑蒙雷阿莱，位于西西里巴勒莫的市郊，1943年7月。人们在欢迎美国军队。

↑西西里的巴勒莫，1943年7月。巴勒莫的指挥官朱塞佩·莫利内罗将军（右）向美国陆军的杰弗里·凯斯将军投降。

↑蒙雷阿莱，位于西西里巴勒莫的市郊，1943年7月。美军进入城市。

↑西西里的巴勒莫，1943年7月。美国人正在享受胜利。

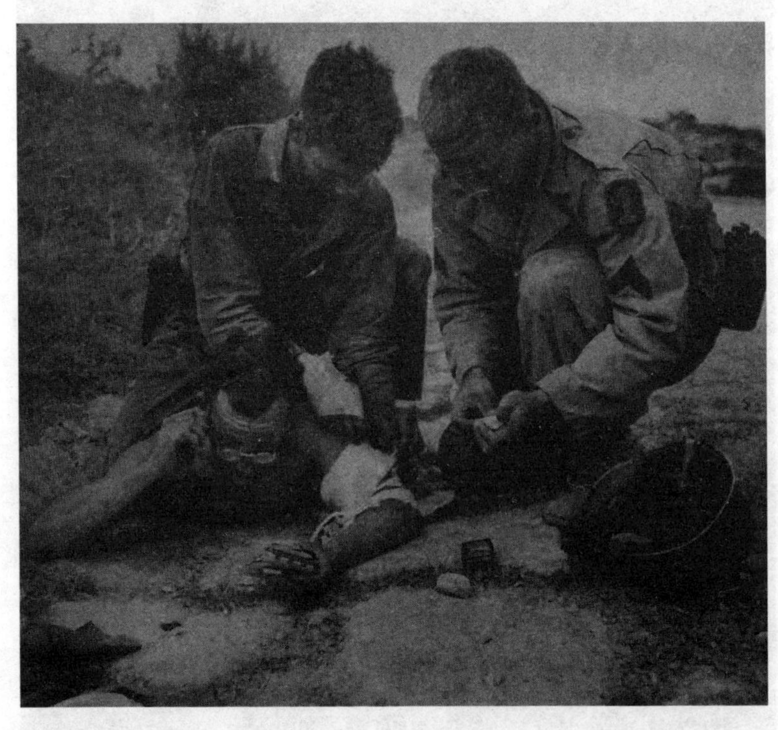

↑西西里，1943年7月。一名受伤的美国士兵。

十五分钟后，吉普车又出现了。后座上，在两个满面笑容的警察中间，坐着一位满面阴郁的意大利少将。凯斯将军示意大汗淋漓的意大利军官到他的指挥车里去，重申了他给宪兵的命令——任何人不许通过。他的车上竖着一面白旗，看起来他要不费一兵一卒地拿下巴勒莫。

我想，接下来得是我的投降仪式了吧。但是就在车要离开的时候，凯斯将军转向了我。“口译员，跟上。”他命令道。

我们驱车前往总督府，在庭院里下了车。凯斯军官要求小镇和巴勒莫军区要立刻无条件投降。我把它翻译成法语，这是我说得最好的语言，真希望那个意大利人能明白我的意思。他用无懈可击的法语重复了一遍，还说若能如此，他将万分荣幸。可这几乎是不可能的，早在四个小时前，他就向一队美国步兵师投降了，他们是从相反的方向进入这座城市的。

凯斯将军因为拖延的事大为光火。“别啰嗦了，士兵！我要求无条件投降，更要求立刻执行！”

我向意大利人解释，第二次投降应该要比第一次容易多了。而且，凯斯将军可是军团指挥官，毫无疑问，肯定能让他在战俘营里妥善保存自己的私人物品。我的游说成功了，他用法语、意大利语和西西里语投降，还问他的妻子能不能也投降。

翻译工作完成后，我就回去拍照片了。晚些时候，投降仪式结束，我看见这位意大利将军被带往战俘营——两手空空、孤身一人。

美国陆军蜂拥着进入巴勒莫。恩尼·派尔坐在第一辆新闻吉普车上，他朝我挥手大喊：

↑西西里的特洛伊纳附近，1943年8月4日至5日。一位西西里农夫正告诉一位美国军官德国人从哪里离开了。

“你这个该死的失业敌侨，整个公共关系部门都比你晚！”

巴勒莫里不会有为我举办的胜利庆典。我把自己的胶卷转交给恩尼，请求他寄给《生活》杂志。到这个份儿上，不管是决定雇用我，还是万一不雇，只要看到这些照片，他们就不得不雇我。

我得离开巴勒莫了，还是靠步行。离开我们占领的第一座首都，离开它应许的欢愉，身为一名被炒鱿鱼的摄影师，我满心厌倦、形容枯槁。我不知道该去哪里，但是我知道，第一师正在西西里中部的某个地方战斗。那里有我的好朋友，于是我决定加入他们。但我不知道他们究竟在哪里，于是我花了漫长的三天才找到他们。特里·艾伦和泰迪·罗斯福这两位司令官是我的朋友，可师部指挥部对我来说可一点儿也不安全。到现在为止，每个人都知道我无权再摆出认证战争的摄影师的架势了。所以，我小心翼翼地绕过指挥部，潜入第十六步兵团——之前在北非，这支步兵团可是我的老家呢。

步兵团刚刚准备进攻特洛伊纳，它是个坐落在山顶上的小镇。攻坚特洛伊纳相当困难，我们花了七天才占领它，还损失了很多好儿郎。

这是第一次，我得到允许可以从头到尾跟进一场进攻，所以我努力拍了很多不错的照片，它们都是些简单的照片，显示出真实的战争究竟有多么乏味无聊、平平无奇。独家新闻依靠的是运气和迅速传播，它们中的绝大多数在发表后的第二天都毫无意义。但就算十年之后，安坐在俄亥俄州家中的士兵看着特洛伊纳的照片时，都会说：“当时就是这样的。”

这座可爱的小山村满目疮痍，守卫它的德国人已经在夜间撤离了，只留下死伤的意大利平民。我们在教堂前的小广场上躺下，到处都是屎滚尿流、令人作呕。死亡、战争、拍照都是虚空，我正这么想着时，泰迪·罗斯福开车过来了，他总是出现在战斗最艰难的地方。他用手杖戳了戳我，说道：“卡帕，师部指挥部收到一个消息，说你在为《生活》杂志工作。”

为了这个消息，我满心期冀地苦苦祈求了好长时间。但现在它来临了，我却一点儿也不高兴。我觉得，那个留在特洛伊纳的无业敌侨，要比受到充分认可的《生活》杂志的摄影师，更能成为这场战争的一部分。

* * *

浪荡子坐着吉普车回巴勒莫了。行车途中，泰迪将军背起了诗歌，史蒂文森中尉唱起了牛仔歌谣，我却觉得有点头昏脑涨。我们停下来吃点东西，可我一点胃口也没有，同伴都说我看起来脸色有点发绿。毫无疑问，我同时得到了工作，还有疟疾。

医院里有糟糕的食物和一位美丽的护士。我吃不下东西，医生便让这位护士每天给我几杯苏格兰威士忌来开开胃。护士还给我拿了一摞美国的报纸，我发现美国的每一家报纸都用了我拍的进攻西西里的照片。他们没有提我的名字，但是《生活》杂志弥补了这一切。他们用七页的头条刊登了我进入巴勒莫的事迹。上面除了大大的署名，还有一个小框，框里还有我的照片，说我是本刊的摄影师了。

我问护士，在巴勒莫还能不能找到任何的美味佳肴。她说在怡东酒店还有一个相当不错的黑市餐馆。她听了听我的脉搏，说我还有点发烧，只能在天黑后通过地下室的窗户神不知鬼不觉地溜出去。

我们吃了美味的牛排，喝了斯珀曼特酒，度过了非常愉快的时光。等回到医院的时候已经相当晚了，窗户都锁上了。

我像个十八世纪的护花使者，把护士送回她的病区，然后走进医院大门，宣称自己是个新病人。我还添油加醋地说自己可能得了疟疾，他们再一次让我住了院。不幸的是，我被送往同一个病房，来照看我的也是同一位医生。这一次，我从医院里被赶出去了。

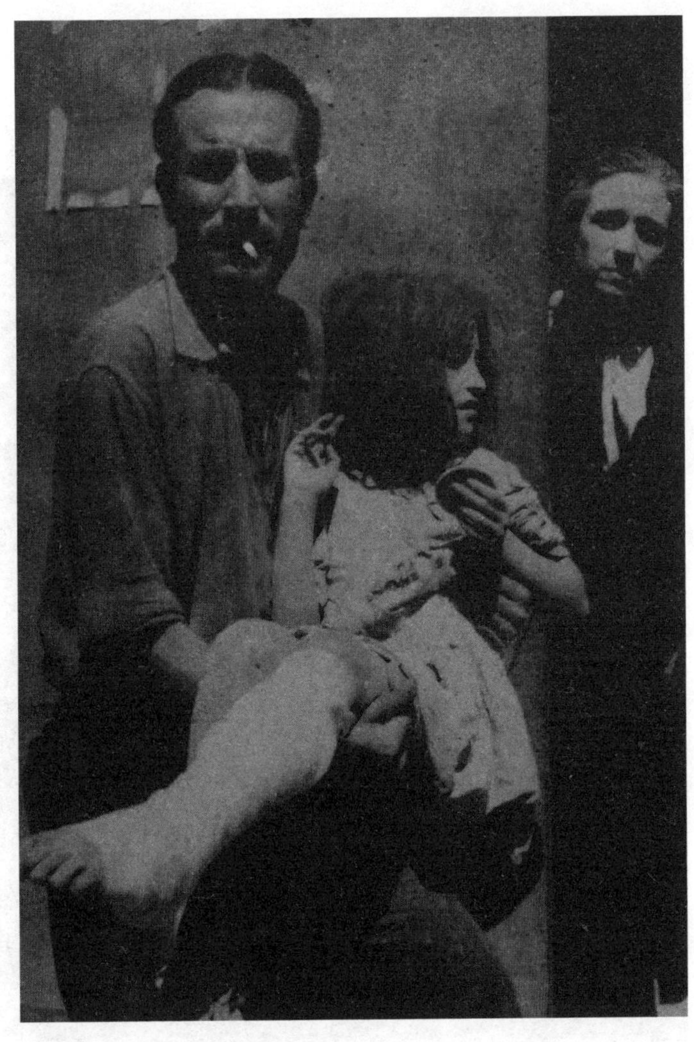

↑西西里的特洛伊纳，1943年8月6号。美国军队花了一个星期炮轰这座德国人的山顶堡垒。当卡帕和第一批美国巡逻兵进入特洛伊纳时，他发现有的意大利平民被困在了镇上。

↑西西里的特洛伊纳，1943年8月。

↑西西里的特洛伊纳，1943年8月。

ROBERT CAPA

第七章　1943年秋

西西里战役结束了，我被送回了阿尔及利亚。新闻总部里热闹非凡，新闻发布室里还挤满了一大堆大牌记者。官方新闻稿通常只会在这里向少数新闻记者发表。西西里势如破竹的征服，加上雷霆万钧地挺进欧洲大陆，让他们十万火急地从美国办公室赶了过来。

屋子里嗡嗡作响，都在猜测大事件会在何时、何地发生。空气中全是在讨论空军、软肋和延长补给线的声音，但对我那塞满了奎宁的脑袋来说，这些内容不值一提，我想躲得远远的。我想要一个属于我的房间，里面有一张大大的床。我想要一个浴缸和干净的毛巾，还有一个呼叫服务生的蜂鸣器。

在阿尔及尔只有两家大酒店。在山顶上的是圣乔治酒店，被用于艾森豪威尔的军事总部。第二家是阿勒提酒店，俯瞰着海港，只有从前线回来的访客才能预订，比如外交官和战争记者，比如重要的“自由法国”战士，以及依然身居高位的“维希法国”组织的人，还有从事可疑职业且地位非常高的女性。

当我抵达阿勒提酒店时，负责住宿的中士给我的并不是一把房间的钥匙，而是一个精心排练过的小型演讲。他说，在1942年的11月，阿尔及利亚里只有两名得到认证的战争记者，镇上的少校在这家酒店里为他们安排了十个房间。不过现在，在1943年8月，大约有一百五十名得到认证的战争记者，但房间依然是那十个。我开始和他讨价还价，可他耸了耸肩以作回应。这些房间都在三楼，他说我可以去碰碰运气。

得到一张自己的床的机会消失了，但我还是希望能有浴缸和蜂鸣器。我走过一间又一间房间，询问能不能拼张床，祈求能打个地铺，但都落空了。不仅所有床都被占据了，就连地板上的每一块地方都放满了折叠床或是铺盖卷儿，一个接一个地挨着，就连少有的几个阳台都被占用了。

我在大堂一个空旷的角落安顿下来，打开铺盖卷，万分沮丧地坐着。在这个时候，我的老雇主昆汀·雷诺兹那二百三十磅的大块头出现了。听说我有了工作，他很开心，还让我别发愁没有房间。从英国过来时，他和一个温和的小个子男人成了朋友，后者还是个什么英国文化协会的代表呢。英国文化协会肯定非常重要，因为这个小个子男人得到了一个房间，里面有两张床和一个阳台，还都给他一个人用。昆汀正用着第二张床，而且打包票他的小个子朋友不会拒绝一个友好的匈牙利人让他用一用一小块地板的。

那天晚上，当这个小个子男人回来的时候，他发现我正四仰八叉地躺在他的地板上。他很抱歉地叫醒了我，还希望我能宾至如归。我嘟嘟囔囔地说着我很舒服，便倒头就睡了。

第二天早上，我们被克拉克·李吵醒了，他是所有外国记者中最帅的一个，因为他写的“逃离巴丹省”的报道而出名。那天早上，他有一点点仪表不佳——因为一颗严重感染的牙齿，他的脸肿了起来。他用一只手指了指自己的脸，用另一只手指了指床。英国文化协会温和的小个子绅士热心肠地走了出去，克拉克呻吟着挤了进来。

晚上，英国文化协会的人拿回了他的床。就在我们要就寝的时候，门打开了，战争记者中最贴心，也最刻薄的杰克·贝尔登走了进来。他悄悄打开他的铺盖卷，然后钻进去睡觉。我们觉得我们的主人在等一句解释，就说杰克曾经在缅甸撤退中和史迪威[①]在一起过。

恩尼·派尔大概是在午夜进来的。他可是再害羞不过的人了。他连连道歉，但我们这些人基本都是大个子，他那个小身板很难被注意到。

这对一晚上来说似乎已经够呛了，但我们还得被吵醒了一次。这次的访客是一打德国飞机，它们低空飞过，而且在窗户外的几百码处投掷炸弹。我们待在原地，但是都戴上了头盔。但是，英国文化协会的好人没有头盔，他觉得躲到床下估计能安全点。克拉克·李倒是不介意，而且那天晚上剩下的时间他又能回床上去睡了。

我们还在等待公共关系部的电话。我们无所事事地坐在房间里，有一点点担惊受怕，小心翼翼地不敢做大的动作。约翰·斯坦贝克和“红发”休伯特·伦弗洛·尼克伯克在下午的时候顺便来了一趟，带了三瓶阿尔及利亚的杜松子酒。他们说，他们觉得这对克拉克·李的头疼有好处。这玩意儿喝起来糟糕极了，但我们可不能看着克拉克自己喝了它们。所以我们一起支援，帮忙把这几瓶酒喝光，省得这些可怕的东西把他杀死。同时，斯坦贝克和尼克伯克在阳台上，悄无声息地打开了他们的铺盖卷儿。

从那以后，每天早上都能发现新人加入我们的大家庭。我们可以从阳台上清楚地看到港口。每一天都有越来越多满载着军队、武器和飞机的船只，大船之间的空隙渐渐被数十架小型进攻驳船填满。大事件的日期越来越近了。

当房间里再无立锥之地时，我们接到了去总部报到的电话。我们打包

① 史迪威（1883—1946）：美国四星陆军上将。

好自己的头盔和铺盖卷儿，向我们的小个子主人深情告别，把他一个人悲伤又孤单地留在了空荡荡的房间里。

* * *

我们涌进公共关系总部，公共关系的头儿乔·菲利普斯中校把我们一个个叫进他的办公室。行动的事他什么也没说，就说从现在开始我们就要被“分开”了。我们一个接一个地被分配到各个部门。终于轮到我时，菲利普斯说：“卡帕，我相信你生来就是伞兵。”我抗辩说我生来是个匈牙利人。他笑了，“我想，我们最好坚持第一个说法。”

几个小时之后，我就被送往了凯鲁万的机场。大概在六个星期之前，我到过那里，飞机和滑翔机还和之前的列阵一模一样地排列着。但是现在，在C-47的鼻子上画着的是小小的白色降落伞——每一个降落伞代表一次飞过敌方领地的任务。

克里斯在等我，他欢迎我的到来。“恭喜你！我听说你得到了工作，而且完全合法！‘小粉’怎么样了？”

我说我什么麻烦也没有，他倒是失望了。“你和其他新闻记者一样没意思。”他说，“但是我有消息给你。《芝加哥论坛报》的西科曼在这里，他的牌技比你还差。”

我打得和以往一样差，但到半夜时，我把每个人的钱都赢回来了。从牌桌上起来时，克里斯抱怨我的运气出乎意料地好。“这事只有一个解释，”他说，“‘小粉’正过得很开心。”

第二天，克里斯必须飞去开罗。我把打牌赢来的钱还给他，请他帮我买五双丝绸的袜子，和一瓶最好的法国香水。他接受了任务，但不觉得能帮上忙。

三十六个小时之后，克里斯带着东西回来了，我把它们送给“小粉”，还附了张纸条。“在丝袜用完之前，”我承诺道，“我会回到伦敦。”

时光在炎热的突尼斯沙漠中缓慢流淌，作战日的迹象依然无处可寻。第八十二空降师和第九空运司令部的总部，因为顶级机密遮掩得严严实实，战略室禁止非机密人员进入。

我们已经厌倦了在烈日下等待，对说好的跳伞日也不再有耐心。这一天终于来临了——但不是让我们登上飞机，而是安排我们坐上步兵登陆艇，那许许多多的步兵登陆艇就停在加夫萨的海港附近。

整整两天，我们都在地中海里沉沉浮浮、迂回前进。忽然，我们改变航向，在利卡塔的港口登陆，这是在西西里。跳伞再次进行，第九军事委员会的飞机早已从凯万转移到了利卡塔机场。

克里斯也在那里，还为我们准备了一个新闻发布室。大佬们已经接管了利卡塔高中，公共关系部就设在实验室里。在玻璃烧杯、骨架和鸟类标本的包围中，国际通信社的理查德·特雷加斯基斯敲出了热情洋溢却从未过审的入侵前的报道，科曼和我则在一张倾斜的黑板上打了两百局的牌。

空降师在利卡塔机场后面的一片橄榄树林子里扎营，时刻准备行动。利卡塔这座小城因为约翰·赫西①的《钟归阿达诺》声名大噪，但这里没有钟，倒是有满坑满谷的鱼和酸葡萄酒。在空旷的营地里，夜晚十分凉爽，空中满布星辰和蚊子，新鲜的小道消息在橄榄树下不胫而走。

第二天一早，第八十二空降师的泰勒准将询问有没有人能借他一条带钱包的腰带。我想起马克·克拉克将军那个悲惨的故事，为了准备进攻非洲，他秘密登陆了北非的港口。可刚登上海滩，就被警察意外发现了，在

① 约翰·赫西（1914—1993）：美国作家，新闻记者。

之后的混战中，他不仅丢了所有的裤子，就连用于贿赂的几百万法郎也失去了。

我把腰带借给泰勒准将，那还是我在转运后，从牌局上赢回来的，我问他是不是只想失去裤子。

将军拿过我的腰带，还评价说新闻记者的话可太多了。

两天后，营地爆发了火烧火燎的行动。我们接到命令后，检查装备，打包行李。我被要求去报道统帅李奇微将军，就在他的帐篷里。

“卡帕，”他对我说，“今晚你就要去罗马吃晚餐了。泰勒将军已经在那里了，和意大利人的停战协议已经签署了。”

那天晚上，我们的空降部将同时占领罗马的机场和城市。“巴多格里奥元帅保证，他不会让德国人破坏机场，他会为我们的着陆保驾护航。”他继续解释说。第二天早上，第五陆军将会在那不勒斯南部的萨莱诺降落。

这将是这场战争的独家新闻。当其他摄影师在拍摄死气沉沉的海滩，或是一些个当地的长官时，我却能在墨索里尼的老巢拍到李奇微将军。并且当我的同行们抵达罗马时，我已经熟门熟路地住在意大利最好的酒店里，和酒保称兄道弟了。

我回到我的铺盖卷儿那儿，把连身裤换成一条粉色的裤子以及一件华达呢衬衫。不久之后，我就坐在李奇微将军领航的飞机上，准备好启程。

引擎刚刚加热时，一个信使飞奔过来，把一份无线电信息递给将军。那是泰勒将军从罗马发来的：

德国人今天下午占领了机场意大利人无法阻挡建议取消所有计划

我可真是全意大利穿粉裤子的最伤心的家伙。

* * *

三天后，第五陆军在萨莱诺着陆，一艘载着三位空降记者的船在那个命中注定的港口抛下了锚。仅仅过了七十二个小时，但对有的人来说，那是他们人生中最漫长的七十二个小时——对很多人来说，则是他们最后的七十二个小时。船只和驳船们被烧焦了，半淹在水里；旗帜飘扬在白色的十字架上，那是欧洲大陆上美国人的第一座公墓——这一切都在告诉我们萨莱诺曾经的样子。

一个“小家伙”把我们从船上带到了沙滩上，在离开五年之后，我又回到了欧洲。在第五陆军的帮助下，这里增添了点新的东西。巨大的标志把沙滩分割成红色、绿色和黄色的着陆区域；新建的道路被规划成主街、百老汇和第四十二大道；宪兵们戴着一尘不染的白手套，在十字路口指挥交通；每个角落都挂上了超大横幅，上面写着第五陆军的“十诫”：

未佩戴头盔的士兵将被罚款。见到官员必须敬礼。只有持有特殊授权旅行证的人才能开吉普车。

新闻营设在一家工厂里，距离海岸约一英里，我们必须出示全部证件才能够进入这个神圣之地。所有战争记者都在那里，而且每个人都已经送出两三个最耸人听闻的战争报道了。

我们研究了战况地图。前线距离海岸不过四到六英里，但离那不勒斯最近的位置还得有二十英里。在滩头阵地的左翼是一个蓝色方块，那里离那不勒斯最近，也离总部最远，上面写着：游骑兵队、突击队和伞兵队。

错过进攻报道之后，我想和最有可能率先抵达那不勒斯的军队同行。

于是，我出发前往马约里，那里有游骑兵队的总部。

和其他优秀的步兵团比起来，游骑兵队也许稍逊一筹，但是他们中的大多数人都接受过更加艰苦的训练，也更有经验。他们说起话来像浑球，但战斗起来却像杀手——还有一次，我发现他们哭起来像英雄。作为他们的司令官，比起其他任何人，达比中校说话更凶狠、战斗力更强悍。

我在那天晚上抵达马约里。我的心情不错，但是很累，我打算找张床。在任何进攻开始前夕，能找到食物和床的最佳地点往往都是医院。我在一家小教堂里找到了医院，它不难找：一排长长的救护车坚定地指向了它。

在教堂的入口处，救护车们正吐出覆满血迹的担架。在黑漆漆的室内，伤员的呻吟构成一种诡异的祈祷，乙醚和熏香的味道相互交织。教堂里人满为患，大多数伤员都只能躺在冰冷的地板上。里面只有几张军用床，只有绝望的伤员才能躺在上面。在他们的头上悬挂着血浆瓶，像是圣器收藏室的灯，涓涓流淌的血液试着抓住他们流失的生命。

在圣坛前面孤零零地跪着一个士兵，他背对着非死即伤的会众，脸贴在台阶上，似乎是他们的牧师。我看不出他受了伤，但是一颗子弹在他身边爆炸了，把他的神经炸得分崩离析，把知觉轰出了他的身体。他不断嘟囔着，发出一些语无伦次的声音，只有上帝知道他说了什么。

意大利修女们正在照看伤员，第一批德国俘虏正在擦洗地板。我迟疑了一下，然后拿出了相机。我的闪光灯无情地打断了他们的工作。我是个摄影师，这是个不同寻常的医院……它会是个好的故事。

医生的宿舍在教堂旁边的孤儿院里，管事的医生把他的床让给了我，他根本没时间去亲自使用它。

这位医生和我在早上一同吃了早餐。就在吃饭的时候，孤儿们排着整齐的队列，在女修道院院长的带领下，气昂昂地走进教堂的花园。他们在唱歌，唱的还是年轻法西斯主义者的歌。医生在喝咖啡的时候睡着了，但是他突然惊醒，大喊着需要翻译。

“你可以告诉女修道院院长我不再需要这种东西了。我拒绝用美国的口粮培养出任何未来的法西斯主义者。如果这些孩子们不打破惯例，学着像正常孩子一样玩耍，那他们在中午的时候就不会有饭吃。”

他们进行了漫长的争论，最后女修道院院长大步走出了房子。孩子们开始像土生土长的印第安人一样玩耍——新的民主诞生了。

医生放松了一会儿，还笑了。之后，他的神情又严肃起来，他突然站了起来，匆匆忙忙地回到了手术室。

* * *

在游骑兵队的指挥部，我发现达比中校和他的小队在吃早饭。他们都胡子拉碴的，也好几天没睡觉了，中校还得同时接三台电话。

“我能为你做什么，摄影师？”他问。

我告诉他我赶着去“抓住”战争。

“那应该不难。”他回答。他的士兵不多，军需更少，但是战争多如牛毛，他可以分一点给我。他的前线是滩头阵地的整个左翼；除了游骑兵队，他的部队还包括一个伞兵团、第三十六步兵师的一个营、几个英国突击队员和一支轻型的英国坦克特遣队；他还有几门火炮、两个迫击炮连，以及一艘停在海湾里的英国轻型巡洋舰。

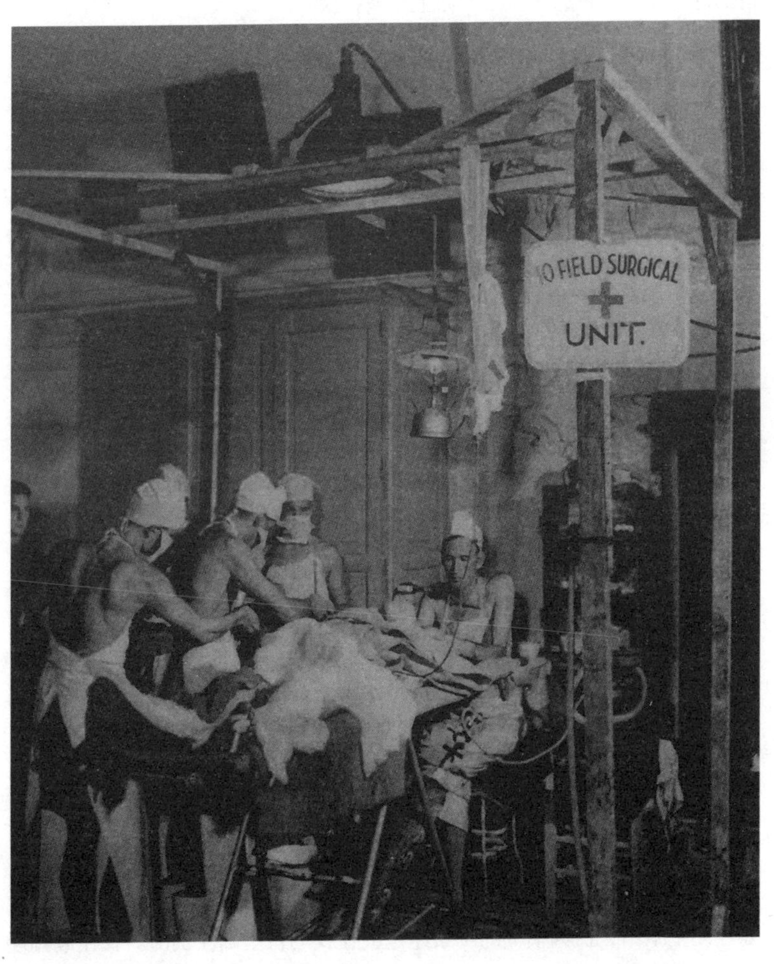

↑马约里（索伦托半岛），1943年9月19日。一位英国外科医生在手术室里工作，该手术室设立在索伦图滩头阵地北部的一座教堂里。

“你要是非得拍照，那奇恩兹山口就是个再好不过的地方了。在这里稍微待一会儿，我的司机会带你上舒斯特堡去。”

狭窄、曲折的山路两边都是葡萄园，成熟的蓝色葡萄温暖而且美丽。我提议司机停一会儿。可他不仅没有减速，反而踩足了油门。他指了指新的弹坑，还有一个躺在路旁沟渠里的大兵。

“我不会停的，”他说，“尤其是在这条血流成河的路上。”

一个炮弹呼啸而过，在我们身后几百码远的地方炸开。我心服口服，那些葡萄搞不好酸得要命呢。

* * *

舒斯特堡原来是一座老旧的意大利小酒馆，位于山口顶部，在道路的拐弯深处。这座小酒馆有几百年的历史了，厚厚的墙壁还是用本地的石头垒成的。在大拐弯的另一侧，道路斜斜地冲向那不勒斯平坦的平原，但我过了好几天，才敢踏出去欣赏美丽的景色。

舒斯特堡是一座急救站，还是以管事的医生命名的。在房间的中央有一张大大的桌子，那是用来做紧急手术的。我进去的时候，医务人员正在为伤员转移做准备，这些伤员要转移到马约里的教堂去。

我从西班牙开始，就在拍战争和流血的照片，但就算七年过去了，只要一闭上眼睛，血肉模糊的场景还是会让我的胃里翻江倒海。我在最偏远的角落里打开铺盖卷儿，挨着两大桶葡萄酒。

德国人在无间隙地轰炸山口和山岭。炮弹在我们周围的各个地方爆炸，但是有凹陷道路的拐弯做掩护，这座酒馆很难被命中。

不过，山岭散兵坑里的大兵们处境艰难，到了午夜，他们就挤满小酒馆。在门边的是死者；在中间的是伤员；在偏远角落的，是酒桶和摄影师。

夜里，第三十六师步兵营的司令官沃克中校带着他的队员出现了：“抱歉，医生，但我们得走了。德国人掀起了两场新的迫击炮战，已经瞄准了我的指挥所。”

他们把电话放在伤员的中间。这个地方拥挤不堪，我便把铺盖卷儿往两个大酒桶下面的洞里挪了挪。

之后，一个迫击炮炮弹就在山口入口的右侧炸开了，一些弹片击穿了盖住窗户的床垫。在一百五十加仑葡萄酒的额外保护下，我觉得相当安全。

轰炸持续了一整个晚上。德国人已经掌握了我方在山岭上的确切范围，我们的连队也会在每次爆炸后送出新的伤亡报告。沃克中校在向游骑兵队指挥部汇报，说他的观察员们无法定位到敌方新的迫击炮。他担心他的士兵会迅速减少，以致无力抵抗。

达比命令他不惜一切代价守住，也会在天亮之前给我们增援。黄昏时分，增援到了。那是一门七十五毫米的火炮，装在半破旧的半履带车上，由四名游骑兵驾驶。在半履带车的装甲板上，涂着四场著名战役的名字：奥兰、凯瑟琳山口、六零九山和杰拉海滩。奥布莱恩队长正在指挥，他的衬衫上别着一个银星勋章，嘴上长着茂密的胡须。他希望这样能让他看起来比二十一岁更成熟。

我们都沉下了脸。用一挺轻型火炮对抗德国人的两个迫击炮连！有那么一会儿，奥布莱恩很以我们的不悦为乐趣，接着，为了安抚我们，他说还有很多厉害的家伙正在路上。

↑奇恩兹山口，在马约里（索伦托半岛）的上方，1943年9月。战略前哨地外的散兵坑，美国人称这个前哨地为“舒斯特堡”，它可以俯瞰向北通往 那不勒斯的主干道。

奥布莱恩的任务是找到那些躲躲藏藏的德国迫击炮，他提出了一个简单的计划。他会让他的半履带车开出七十五码，到空地上。德国人会向他开火，从而暴露出他们的位置。这是一个大胆的计划，肯定会将所有火力直接引到山口，但是沃克别无他法，只好让他放手去做。

我拿出了有最长镜头的相机，希望能在要塞的门口拍到整个行动。半履带车出动了，很快，炮弹来来往往，针锋相对，呼啸声难分敌我。我不得已在射击的间隙跳进小酒馆，但还是拍到了三十六张这壮观场景的照片。

半履带车在大约十二分钟里用光了所有的炮弹，然后开回了山口。奥布莱恩和他的士兵们毫发无损，但是卡车上新伤累累。他们确信，火力是从一个小山村里发出的，那座小山村就位于山口后方的树林里，一个巡逻队被派去侦查。炮击还在继续，灰泥不断落下，但我们能做的只有等待。

到了黄昏，一位年轻的美国中尉带着四门重型迫击炮到达了。和他一起的是一名年轻的英国中尉，他带着一个小型无线电和两个人。这个英国小伙子代表的是停泊在港湾的巡洋舰。

迫击炮架设在我们的后院里，巡洋舰待命，准备向我们通过无线电发出的任何目标开火。

巡逻队不久之后就返回了，报告说德国迫击炮就在村子里。枪炮巧妙地掩藏在不同的农舍里，并通过屋顶凿开的大洞发射迫击炮。

我们订了个计划，打算天一亮就来一场盟军联合火力的小展示。首先，化学小队会用四门迫击炮发出烟雾弹。接着，英国巡洋舰会用他们的八门枪炮做出大英帝国的贡献。最后，半履带车会再次出动，炮轰任何试图从村庄逃跑的德国人。至于我，会在夜晚偷偷溜走，给自己找一个能俯瞰整个村庄又能把自己好好隐蔽起来的地方，然后用相机拍下一切。

↑“舒斯特堡”，1943年9月。美国人正在对近海的一艘英国巡洋舰进行无线电监测，这辆巡洋舰正在炮轰奇恩兹山口下村庄里的轴心国部队。

↑“舒斯特堡”，1943年9月。用餐时间。

我花了半个晚上才爬到山坡上。我真的太想念舒斯特堡了，我觉得我值得加官晋爵。

东升旭日的第一缕阳光照亮了我所在的位置。村子就在我下方七百五十码处，背靠着维苏威火山，它正喷出美丽非凡、浓墨重彩的烟雾。我好忌妒维苏威火山，我甚至连根烟都不敢点燃，就怕暴露了这个藏身之地。

在星期三的午后，这块平原看起来比公墓还要平静。我能清楚地看出葡萄园里坐落的几百座农舍，还觉得从那里也能一目了然地发现我。每个窗户都尽收眼底，我试着缩得更低，缩进草丛里。我的后背凉飕飕的，我恨死了这美丽的风景。我只想见到舒斯特堡那脏兮兮的墙壁，而且我只想在堡垒里面看到那些墙壁。我像个煎饼一样平平地躺在两条防线之间冰冷的地面上，现在我只有两个选择：要么吓得胃疼，要么吓得背疼。

我们的第一枚烟雾弹不偏不倚地落在了村子的正中央。迫击炮、巡洋舰，还有半履带车，都接二连三地向这团白色的烟雾倒进数百枚炮弹。我抬起脑袋拍照片，但不会比地面高出三英尺。可拍到的照片都是一样的。我只能给每张照片用上不同颜色的滤镜。村子的烟雾升到了天上，背景中的维苏威火山看起来就像个小弟弟。

炮弹从我的头顶直直地飞过，迫击炮发出呼啸，巡洋舰在尖叫，半履带车则加入了又高亢又不和谐的吱吱声。接着，德国人的炮弹反击了，它们发出呜呜的声音，击中了我上方一百码的山顶。我把头埋进树叶里。太阳把我的背晒得暖乎乎的，而我希望在空中飞来飞去唱着歌的只有小鸟就好了。

到了太阳下山时，一切重归平静。一层薄薄的黑色烟雾，还在从村舍燃烧的墙壁升上天空，而维苏威火山——毫发无损的维苏威火山，一如往昔般地吐着热气。

我趁着夜色慢慢爬回舒斯特堡，发现李奇微将军和达比中校已经接管了那里。第八十二空降师已经被调往马约里，在那不勒斯的最后反攻将在第二天一早展开。

我收拾起自己的铺盖卷儿，和舒斯特堡道别。午夜，我跟在英国装甲旅的后面穿过奇恩兹山口。破晓之时，我们到达了平原。德国人已经连夜撤退了，那些一度把我吓坏了的小房子都挤满了正在庆祝的意大利人。他们给我们送来了水果、葡萄酒和喋喋不休的言语，说他们的一生都在等我们。

* * *

我们一路上都没有遇到抵抗，只在询问前方的道路是否安全或喝上一大口葡萄酒，又或者是亲了个姑娘的时候才会停下。在庞贝城，一个大兵对古老废墟墙上的下流的画面赞不绝口。于是我们下了马，在两位老意大利导游的带领下，每个人花了两里拉好好看了看这片废墟。这些漂亮的壁画，讲述的是罗马做爱的艺术，十分易于理解，而且被入侵者们极为推崇。我们给了导游小费，然后继续出发前往那不勒斯。

那不勒斯新废墟上画的东西倒是不太一样，墙壁上画着大大的字母，写着法西斯主义万岁和活得像美国人[①]。女孩们看起来都非常肮脏——大概在四个星期前，那不勒斯的蓄水池就中断了供应。

拍摄胜利的照片，就像在新婚夫妇离开十分钟后拍摄教堂的婚礼。那不勒斯的庆典非常简单，五彩斑斓的纸屑还在会场的垃圾里闪闪发光，但饥肠辘辘的狂欢者们早就离开了，还在猜测新郎和新娘第二天会吵到什么

① 原文是意大利语。

程度。我把相机挂在脖子上，走在空荡荡的街头，有点不开心，但还是庆幸能有一个这样好的借口，不用再拍照片了。回到下榻的帕尔科酒店后，我就会问心无愧还会觉得口渴。

就在一个校舍前面，通往酒店的狭窄街道被一队沉默的人挡住了。那不是为了食物而排的队伍，因为从建筑里走出来的人——手上拿着的只有帽子。我跟上队伍的末尾，走进了学校，迎面而来的是鲜花甜腻腻的味道和死者。房间里有二十口简陋的棺材，还没有被鲜花盖好，而且它们太小了，无法容下孩子们脏兮兮的小脚——他们已经大到能和德国人战斗，却被杀死了。但他们有点儿太大了，塞不到儿童棺材里。

这些那不勒斯的孩子偷过来复枪和子弹，也在十四天里和德国人战斗过，那时候我们还在奇恩兹山口苦战。这些孩子的脚才是对我来到欧洲的真正迎接，我曾经在这片土地上出生。比起迄今为止我在一路上遇到的歇斯底里欢呼的人们，这更加真实。早几年，那些欢呼的人中，有很多也欢呼过"元首"①。

我摘下帽子，拿出相机。我把镜头对准跪下的女人，为她们死去的孩子拍下少许照片，直到最后一口棺材被抬走。在那个简陋的校舍葬礼上拍到的那些照片，是我拍过的最真实的胜利照。

* * *

我很快找到了其他的胜利照。回到酒店后，克拉克将军的公共关系官员正等着带我去一个重要的仪式。这个仪式在一个皇家花园里举办，第五陆军把那里设置成临时指挥部。将军的车就停在一排大橡树下，一些年

① 原文是意大利语。

轻的上校军官正跑来跑去地安排位置。一位上校建议我从侧边给将军拍照片，我可以从那里看到他帽子上的星星。戴着三颗闪亮星星徽章的将军很快就到了。那不勒斯的主教也来了，他的紫色长袍上悬挂着精美、耀眼的装饰品。

我按照要求占好位置，到达将军的左边。将军是个亲切又快乐的胜利者。至于主教，他为这个特别的场合已经练习了三年——每次都拿不同的德国将军练手。他们互相微笑、长久地握手，久到就算行动最慢的摄影师也不会错过。

我为《生活》杂志准备了材料，还在同一个信封里送去了有关死亡的孩子和将军招待会的胶卷。

↑那不勒斯，1943年10月2日。沃梅罗区的桑那扎罗高中里，为二十个少年拥护者举办的葬礼。

↑那不勒斯，1943年10月2日。已故拥护者们的母亲和其他家属。

↑那不勒斯，1943年10月。

↑那不勒斯，1943年10月7日。在放弃这座城市之前，德国人在中央邮局的地下室埋下了一颗巨大的定时炸弹。它在一周后爆炸，杀死了一百人，伤者更多。

↑那不勒斯，1943年10月。在向北撤退的过程中，德国人炸毁了城市的供水系统。因此，市民们只能从盟军的油罐车里接水。

* * *

胜利很无聊，脏兮兮的街道上，那些饥肠辘辘的人也让我心烦意乱。我的三十岁生日就要到了，我决定舒舒服服地庆祝它。卡普里岛就在五英里外，完全没被战争染指，刚刚被指定为美国空军的修养中心。而且，克里斯来到那不勒斯了，他觉得，意大利的第一个休息营非常需要一位专业的公共关系官员来访。

卡普里岛接待了我们，就像我们是预示着盎格鲁-撒克逊旅游业回归的和平鸽一样。我们根本没法休息。白天，整个酒店的员工都在狂热地和我们说他们那半生不熟的英文。晚上，在酒店的窗户下，几乎每一把吉他都在向我们唱小夜曲。他们一遍遍地演奏着一首特定的曲子，听起来古怪地熟悉，我和克里斯打赌五美元，那首歌是《快乐的日子又来了》。

半夜左右，我们下楼寻找答案。不是，他们说，那是《祝你生日快乐》。克里斯用那五美金打发了乐手们，而我三十岁了。

* * *

第二天早上，新成立的反法西斯主义导游联盟主席带我们环岛一周，还带我们参观了著名的蓝色石窟和绿色石窟。除此之外，他还给了我们一份通敌者名单，并敦促我们回去之后立刻逮捕他们。下午，通敌者协会的主席送了我们一箱陈年白兰地。我们接受了这份礼物，还向美国陆军防谍队举报了提供者。

我们决定离开卡普里的政治活动，还要在意大利人发现他们是攻守同盟并在向新的共同盟友抬价之前，采购点东西。克里斯挥霍了几百里拉去买纪念品，因为他认为战争也许很快就会结束的，要是芝加哥的女孩们还能记得他，那就好了。我得找点适合“小粉”的东西。我们发现了一个小小的服装店，收银台后面还有个可爱的黑发女孩。她对英文一窍不通，但其他东西她样样齐全，而且非常乐于帮忙。我用手比划了一下，告诉她“小粉”的外貌和她的细微差别。

描述“小粉”的发色会更困难一些。但是一个浅粉色的珊瑚和一个有雀斑的意大利小孩解决了这个问题。这个女孩咧开嘴笑了，露出白色的牙齿，她开始拿出成堆的丝绸袜子、弗洛伦萨蕾丝做成的内衣、五颜六色的裙子，和各种各样女孩们会用的东西，我之前可从未想到过这些。

克里斯倒是一直事不关已地站在角落里，不是同情地看看我，就是向那个女孩投去截然不同的目光。商店和我的口袋终于都被掏空了。在她打包这些东西时，我邀请她一起吃晚饭。她拿起那块粉色的珊瑚，放进我的手里，指了指她自己，然后摇了摇头。克里斯对意大利语一窍不通，但对别的了如指掌，他推波助澜，从我的手上拿起珊瑚，对着那块粉色的石头说道：“我，不，不，不。”然后对那个女孩说：“我，是的，是的，是的。”她用英文压根儿争不过他。

* * *

那不勒斯一点儿也不好，罗马倒是好多了。

在那不勒斯和罗马之间，是温斯顿·丘吉尔先生所说的“欧洲的软肋”，这里遍布艰险的群山和精心分布的德国机枪。群山之间的村子里很快就塞满了医院和墓地。

开始下雨了，道路越来越泥泞。我们的鞋子本是为了在驻防地的城镇上行走而设计的，却在雨水里泡得鼓鼓囊囊，我们每往前走一步就得往后滑上两步。轻便的上衣和裤子挡不住风风雨雨，更提供不了保护。我们的陆军有着世界上最好的装备，却被困在连绵的山峰中，看起来寸步难行。每往前推进五百码都要付出高昂的代价，罗马则似乎渐行渐远了。

新闻记者们不被允许，或者也不愿意写下这场战役的全部真相。况且，画面胜过千言万语。比尔·莫尔丁就是在这里创作出他的威利和约瑟的，这两个形象都是意大利步兵战斗中的幸存者。[①]这正是我用上相机的好时候，我也乐在其中。我拖着身体，从一座山到另一座山，从一个散兵坑到另一个散兵坑，拍下泥土、苦难和死亡的照片。

十二月，我一直在爬潘塔诺山陡峭的斜坡。在过去的十到十五天里，第三十四步兵师一直在尝试攻上山峰，终于在我到达的前一天占领了它。山坡上死者累累，来不及埋葬。

每五码是一个散兵坑，每个散兵坑里都至少有一名死去的士兵。在他们身边，到处都是被撕破了封面的口袋书，它们在血泊中泡了又泡，还有空空如也的C-口粮罐和褪色了的家书碎片。那些鼓起勇气离开散兵坑的大兵们的尸体，则封住了我的去路。他们的血液已经干透，如铁锈一般，颜色和落在他们身上的晚秋的树叶融为一体。

我爬得越高，死亡和死亡之间的距离就越短。我再也看不下去了，我跌跌撞撞地走向山顶，像个傻子一样不断自言自语："我想走在加利福尼亚的阳光下，我想穿着雪白的鞋子和雪白的裤子。"记者的战争神经症正在发作。

从十一月到圣诞节，第五陆军前进了不到十英里，却在泥里陷进了十英寸深。我的内衣变硬，我的制服从未脱下。我的照片和这场战争一样，愁云惨淡、毫无意义，我一点儿也不想把它们送给杂志社。

---

① 比尔·莫尔丁是美国漫画家和作家，威利和约瑟是他在二战期间描绘的两个漫画形象。

↑潘塔诺山附近，位于卡西诺东北方向，1943年12月。摩洛哥第二步兵师的一名士兵，该师主要由柏柏尔士兵和法国军官组成，而且和美国军队合作紧密。

↑韦纳夫罗（卡西诺附近），1943年12月。美国第四十五步兵师的后方指挥所。

↑卡西诺附近，1943年12月到1944年1月。

↑卡西诺附近，1944年1月。前景处的一位美国士兵，正扛着个孩子前往安全的避难所。

在圣诞节的前两天，我决定和第五陆军说再见。我知道，这场战争不会在意大利获得决胜。营地的小道消息都说，艾森豪威尔的指挥部将会搬回伦敦，丘吉尔也不能再延迟第二战场的开启了。

我打算回那不勒斯去，换掉内衣，然后跟着战争前往伦敦。我抛下群山，到第四十五师的指挥部报到。说了再见后，我要了辆吉普车，希望能送我回那不勒斯。

* * *

师部的指挥部由很多个泥坑组成，上面都盖着帐篷。G-2号帐篷格外忙碌，工作人员正看着两个中士在一张行动地图上，画着小小的蓝色或红色方块。我兴趣索然，只想要辆吉普车。一位上校把我推到了地图边，告诉我这场攻击将如何战胜卡西诺[①]，并打开前往罗马的道路。那可真是令人激动啊，我说，然后索要一辆吉普车。上校显得很遗憾，还说我要是离开的话会后悔的。我回答他我不仅伤心，还很遗憾，更别说我脏得让人难以忍受而且疲惫不堪。

上校明白了我的意思，他叫来一位队长，后者瞅了我一眼，还闻了闻我，然后把我带到了他的双人小帐篷。他在那里打开一个行军背包，里面塞满了无价之宝。他抽出一套崭新的内衣、一件干净的制服、一双鞋子，还有一瓶苏格兰威士忌。一名勤务员走了进来，还带了装满三个头盔的热水。我清洗干净、刮掉胡子、穿戴整齐，然后，他们用威士忌把我最后的不情愿一扫而光。第四十五师肯定非常渴望让他们的照片出现在《生活》杂志上。

---

① 卡西诺：意大利的一个市镇。

那天晚上，我被送往第一八零步兵营的前线指挥部，凌晨四点钟，我们开始进攻。

夜袭的开端平平无奇。士兵们一个接一个地拿起装备，然后用尽可能小的步伐前进。在黑暗中，伸手不见五指，只能听见前面那个人的靴子发出的声音。每走一步，靴子都会变得更沉重，恐惧把胃挤压成一个小小的球。脸上的汗水和清晨的露水混合在一起，你能想起你曾经待过的每一个温暖舒适的房间。

破晓之时，你巴不得跑进任何一个安全的地方，不管它有多不舒服，你有着无法抗拒的冲动，想在遇到的第一块大石头后面坐下，以寻求保护，然后再抽根烟。但你不是懦夫，所以你绕过那块石头，即便知道稍后便会后悔。

第一缕阳光宣告着正式发动的时刻，炮兵立刻开始摧毁目标。射出的炮弹令人安心，它们多少给德国人带来点伤害吧。可惜的是，它们也会吵醒德国人。山顶上的德国中尉抓起眼镜和战地电话，一个德国炮兵连往我们的阵列中央投下了一枚炮弹——根据G-2的情报，这个炮兵连完全不应该出现在我们的防御范围里。

每个人都扑倒到泥地里，不再幻想着家园，也不再想象要是我们不在这里会怎样，要是德国人不在那里会怎样。山顶还在两千码以外，不管是待在原地，还是前进都一样危险。每次炮弹来袭，我们都扑进土里，紧接着站起来蹲伏前进，直到再次扑倒。总有人会尖叫着呼唤急救员，我们都很清楚，下一个尖叫的就是自己。

我们抵达了最后一个山尖，而那个胜利的山顶就在五百码以外的地方。我方炮兵已经把他们困住了，在那个满目疮痍的山峰上，按道理不会还有一个德国人活着。我们站直了，准备最后的冲刺。忽然，那些本应该死掉的德国佬开火了，机关枪和迫击炮的轰鸣声接连不断。

这下，我们都重重地摔到了地上，很长一段时间里都不打算再站起来。排长在向营部索要更多的炮兵和增援。这时，德国人的迫击炮同时开火，扫射山坡上的每一寸土地。

我趴在地上，脑袋抵着一块大石头，身体两边各躺着一个士兵，他们在保护我。每次爆炸后，我都会抬起头，拍下前方血肉横飞的士兵，还有爆炸后稀薄、飘摇的烟雾。头顶上方，散布的炸弹正在靠近我所在的散兵坑，我再也没有抬起头。一枚炮弹在十码以外的地方爆炸了，又砸到了我身后的某个东西。我吓坏了，根本不敢回头看一看，下一枚炮弹也许会砸得更近。我小心翼翼地用手摸索着后方，但没有发现血液，扔向我的只有一块大石头和爆炸了的炮弹。我右边的士兵被炸弹碎片击中，他的右手严重受伤，这伤势都值得一枚紫心勋章了。我左边的兄弟一动不动，也永远无法打开他的圣诞背包了。现在，炮弹都掉到了我们的身后，于是我点了两根烟。那位士兵大口吸了吸烟味儿，然后把急救包递给了我。我帮他包扎手臂。他看着伤口说道："等到新年，我就会回到前线了。"

下午晚些时候，火力缓和了下来，我和士兵站了起来，立刻跑开。我拍了十几张算不上特别的照片，背上擦伤了一大块，膝盖都站不稳了。德国人还在山顶上，我明白，要是想再拍点什么战争的照片得等上好长一段时间了。

* * *

那不勒斯的变化不大。我们进驻三个月之后，城镇上就挤满了穿着讲究的宪兵，他们都带着白色的帽子，到处都贴上了“禁止入内”的标语，供水倒是再次恢复了。那不勒斯人的生意做得热火朝天，卖的东西还是从我们的陆军那里偷的，同时还为美国人提供一切，无论是手表还是自己的女儿。社交活跃的女士们在罗马街上走来走去，头发里满是DDT粉末[①]的味道。而维苏威火山上演了一场百年一遇的大型喷发，喷出的煤灰和烟雾覆盖了整座城市。

比尔·朗现在是《时代》和《生活》杂志办公室的负责人了，他奇迹般地成功租下一间山顶公寓，里面配备有完善的浴室，还能流出热水呢——到那儿后的头一天，我一整天都泡在了浴缸里。接下来，我把所有底片都寄给了杂志社，标题是《这是一场苦战》。我还请求老板把我送回伦敦，去拍摄进攻法国。两个星期后，《时代》和《生活》杂志给我寄来一封电报，告诉我《苦战》报道相当精彩，他们会在杂志上用七页的头版来刊登。当然，去伦敦也没有任何问题。

我向陆军部提出请求，然后开始收拾行李，比尔·朗也在他的角落里收拾东西。当我拿起“小粉”的蕾丝晨衣时，他正在收拾他的长款冬季内衣和一双新的作战靴。当我提到，我给“小粉”寄了封电报，让她帮我们在伦敦租个最雅致的公寓时，他一言不发，只给我看了看一款新的铲子，这可以挖出更好的散兵坑。我迟疑了一下，然后扔下“小粉”的丝薄内衣，问他发生了什么。

① DDT粉末：二战时期用于杀虫的一种粉末。

他把我带到了窗边。那不勒斯港挤满了似曾相识的进攻驳船。对一个战争记者来说，错过一次进攻，像是在辛辛监狱待满五年后，拒绝和拉娜·特纳[1]约会一样。我更喜欢“小粉”而不是特纳——而且在前线待五个月确实会让人饱受折磨，但我还是问了：“我还能加入这场大戏吗？”

我天真无邪的朋友早把一切都安排好了：“已经定好了，你要和游骑兵一起出发。达比中校希望明天早上能见到你，还有你的装备。”

* * *

我不知道我们要进攻哪里，也不知道要怎么进攻。第五陆军的预备队只有两个厌战的师部和一小个营的游骑兵。但在那个时候，我们仍然相信“当权者”知道他们在做什么，我们也期待着会有隐蔽良好的军队藏在船上，船只就停靠在北非大大小小的港口中——万事俱备，只等着加入我们。就这个意义而言，我们的战争毫无疑问是符合基本战略的。我们中太少有人提出任何问题，也没有人去回答问题。

我知道在一艘进攻驳船上等待有多么漫长——以及无聊，所以我带着一箱西班牙白兰地前往达比中校的指挥部。中校还是不喜欢摄影师，但他似乎不怎么介意我——再说了，白兰地唾手可得呢。

游骑兵队已经在那不勒斯北部的一个小港口待了三个星期，等待进攻、准备进攻，他们中的很多人已经无法抗拒渴望口粮的意大利女孩的求爱了。那可真是个联谊的好时候，而且中校完全不反对——“不能爱的男人，也不能战。”

---

① 拉娜·特纳（1921—1995）：美国女演员。

为了误导敌人的间谍和叽叽喳喳的女人们，男孩们得到命令，要散布他们即将回家的谣言。我们登船的那天早上，数百个性感的意大利女郎前来道别，只为了提醒她们的朋友别忘了给自己寄签证，再搜刮走剩下的C-口粮。那场景可真是够怪的：士兵们坐在港口上，鞋子刷得闪闪发亮，左手拿着一罐口粮，右手抱着小甜心的腰肢。

到了中午，每个人都上船了，我们升起了锚。达比把我叫到战略室，还告诉我我们将在午夜的时候登陆安齐奥海滩，距离那不勒斯只有五十五英里远。这太糟了：我本想着会有一段漫长的航行，才会花一百五十美金从黑市买到那箱白兰地的。只有十二个小时可没法痛痛快快地把它喝光，但我也不可能在海水都没过脖子的情况下，还在脑袋上扛着一箱白兰地登陆。

我和比尔·朗回到了我的船舱，还和膳务员要了个瓶塞起子。膳务员是个和气的伦敦人，他看了看我们的白兰地。然后提醒道，这是艘皇家海军船，而皇家海军应有尽有。实际上，只要乐意，我们想买多少苏格兰威士忌就能买多少，一瓶只要八先令。这可真是伤口上撒盐。我们要了一瓶苏格兰威士忌，往各自的包里塞了两瓶白兰地，然后把剩下的酒都分给了船上的士兵。

午夜，突击驳船把我们放到了水面上，英国海军把我们稳稳地送到齐腰深的水里，但距离海滩还有四十码。

我们在水里没有遇到任何阻拦，大概过了二十分钟，岸上的枪击才停了下来。这场进攻绝对出乎意料，大多数德国人的裤子都还没穿呢。我们在一个豪华赌场的地下室建起了司令部，之后我打开自己的包，才把湿漉漉的裤子脱下来。

那瓶在白天费了我多少心思的西班牙白兰地，抗议自己被忽视了，竟然打翻了瓶子，还把我换洗的衣服全浸湿了。我只能用白兰地裤子换下咸水裤子。我可真是“酒香袭人”啊——货真价实的，但整个晚上都非常不舒服。早上，太阳终于晒干了我的裤子，我又神采奕奕了起来。德国人不是死了就是被俘了；我们还在他们的仓库里发现了意大利萨米拉香肠、瑞士奶酪、挪威沙丁鱼、丹麦黄油和慕尼黑啤酒。在安齐奥海滩的前二十四个小时充满了希望。罗马就在二十五英里以外的地方，我们希望两周内就能抵达罗马。但那二十四小时，却是每个人在那个要命的海滩上唯一快乐的时光。

公共关系办公室征用了一座海滩别墅，战争记者们在里面既安全又惬意。等待来自兵团指挥部的消息时，我们开始打牌。在外面，一队队船只陆续到达港口，卸下人员和枪支。打牌的间隙，我站起来从窗户拍了点照片。到那时为止，来到安齐奥还是最愉快的任务。

正在玩纸牌游戏时，我方的高射炮开火了。我冲到窗边，就在别墅的上方，二十四颗德国炸弹正在蓝天上飞翔，他们朝还未卸货的船只开炮了。我立刻对焦相机，拍到了一张不错的货轮爆炸的照片——那就在两百码不到的地方。

炸弹落下了，我又回去打牌，还抱怨自己拍的照片真是糟糕。克拉克·里不耐烦地摸着自己的牌：“你能不能别在打牌的时候聊工作？”

我看了看自己手上的牌，我有两张五。这在换牌游戏中算不上什么好牌，但我不喜欢克拉克对我的职业的态度。所以我把赌注抬高到一百美金，希望没人跟。

为美联社工作的唐·怀特黑德看了看自己的牌，又看了看我。“你这个匈牙利骗子，”他说：“你手上一点王炸都没有。我提到两百。”

轮到克拉克时，他说，“我不在乎跟不跟，但我想知道究竟是谁在虚张声势。”他再一次提高赌注，把自己所有的钱都放到了桌子中间。

↑莫斯科缺口（卡西诺附近），1944年1月4日。逃离山上的战斗。

看起来这是一场为了结束扑克游戏而玩的扑克游戏了。我们跟完注，然后开始抽牌。怀特黑德说他要按兵不动，克拉克·里出了张牌。我出了三张。我那对五显而易见毫无机会。我们已经把所有钱都押上去了，一切都看手上的纸牌了。怀特黑德拿到了顺子，但是克拉克·里抽到了他要的同花。怀特黑德骂骂咧咧了一下，克拉克拿走了钱。

我并没有特别关注我的牌，只是一次翻一张。前两张是那一对五；第三张是幸运的第三个五；第四张是三；而决定命运的第五张，是另一个五——一共就四个五。

但这是我在之后的战争中，最后一次赢牌了。世事难料，它就如轻松登上安齐奥一样，是个大大的错误。

* * *

在安齐奥的第五天，我们意识到在很长一段时间里都到不了罗马了，能守住在第一天打下的这一小块地方就很幸运了。德国人高估了我们的人数，在滩头阵地上，没有一块地方不曾被他们监测到或扔过炸弹。

新闻记者们搬到了新闻别墅的地下室里，在冒险出去之前我们还得三思而后行。每每坐在吉普车里，我都把铺盖卷儿放在两腿中间。万一在伦敦假期之前我中弹了，那他们还不如把我的脑袋射下来。

派往伦敦的命令还在我的口袋里，每一天我都下定决心第二天要离开。

在那个被诅咒的滩头阵地没有什么新的照片要拍，每天早上我们都能听到噩耗。就在夜里，我们中最好的一个人去世了。我们不赌博了，我们不喝酒了，我们也不刮胡子了。我们没有送出任何报道，而且，就像士兵一样，我们麻木地等待炮弹或是春天。

二月底，我接到克里斯的消息：第九空运司令部转移到伦敦了，他还有艘飞机会在那不勒斯等我。

我乘坐医院的船离开了安齐奥——在那艘装满重症伤员的船上，我是唯一一个毫发无损的人。

ROBERT CAPA

第八章

我们起飞了，还在那不勒斯上空盘旋了一圈。从一千英尺的高空往下看，这个城市再一次变得美丽起来，战争也隐入了远方。我们飞过萨莱诺，还能看到沉船的桅杆伸出了水面。从空中看，西西里城的新废墟和两千年前的阿格里真托的废墟没什么两样。

六个月前还是头版头条报道的地方，现在只不过是一个牧原，上面遍布着密密麻麻的弹坑。回忆陆军走过的道路，就像在拍摄结束两个星期后拜访电影布景地——有的道具依然在原地。至于大海，则是最神秘的布景了，在那里，道具们沉默地沉入了水底。

我们把北非海岸线远远抛下。过去的三场战役被我们置于一旁，至于未来那场战争也缄口不谈，我和克里斯只谈论在伦敦的第一天要去做什么。我想了想，大概在快到正午的时候才会抵达伦敦。我可以在“小粉”为我们租的豪宅里给她一个惊喜。在那里，我泡着澡，她准备着早饭，有新鲜的鸡蛋、果酱和吐司。之后，我会换上一套深蓝色的西装和白色的衬衫，她则会挽起头发，穿上最好的晚礼服。晚餐在布勒斯坦餐厅，再点上一瓶库克香槟——得是1928年的。接着我们会前往椰林园，克里斯会去找我们，“小粉”会赏光和他跳两支舞。

克里斯听着这些安排，还说“小粉”必须得带上一个女伴。我让他宽心，“小粉”有几十个女伴呢，肯定能给他带上一个。

晚上七点我们才到达伦敦。“小粉”帮我们租的房子是个公寓，是贝尔格雷夫广场上最大的房子。大堂一块巨大的黑板上，用白色的字印上了房客的名字。第一层住的是位寡居的贵妇之类的人；某某某大人和空军元帅X占据了第二层和第三层；支持法西斯主义的西班牙大使住在第四层；第五层是位医生；第六层是个中尉。在这楼的顶层公寓中，住的是卡帕和“小粉”。

我和克里斯坐着电梯到达顶层。我把钥匙插进锁孔，门响了三声才开。里面的大厅是空的，但是从一个房间的后面，传来了一束灯光和某种动作的声音。一个女孩挺着个大肚子出现在门口，她很年轻，衬着浅棕色头发的脸庞很秀气，而她的孩子大概已经超过预产期了。

克里斯很尴尬。“你怎么没提到这件事呢？”他问我。

女孩看了看我们，然后面向我。“你肯定是卡帕吧！我是莫娜·克莱恩，伊莱恩的朋友。”

“我没告诉过你吗？”我对克里斯说，“‘小粉’会带个朋友来的。”我和莫娜说很高兴见到她。“‘小粉’在哪里呢？”这才是我关心的。

她犹豫了。“她得阑尾炎了，”她说道，可一看到我的表情就马上找补说，“但她现在已经完全好了。”她解释说，在过去四个星期里，“小粉”都期待着能见到我，所以她把手术一天天往后推。但是昨天晚上，她的阑尾炎剧烈发作，只能冲去医院。“医生已经允许她给我打电话了，”她安抚我，“但我想你最好还是等到早上。她不能太激动。”

那天晚上我和克里斯在最近的酒吧度过。夜间，当我还睁着眼睛时，他就已经躺到巨大的路易十四式的床上，在我旁边愉快地打呼噜了。

清早，我出门买下所有种类的鲜花。我抱着满怀的花朵，径直走进医院。一个小个子护士在“小粉”的病房门口欢迎了我：“很高兴你终于到了，帕克先生。你的妻子在整个麻醉期间都在呼喊你。”

一个苍白的粉色小点儿在洁白的枕头上喃喃道：“请转过身去，亲爱的卡帕。”我转过去，面对着墙壁，直到她说：“可以了。”

这个粉色的小点儿现在有了眼睛、睫毛和嘴唇，病房里有了香水的味道，她的睫毛膏也已经涂完了。“我很努力很努力地在等你……”那双眼睛很快就干了，活生生的“小粉”说话了，“我肚子上的伤疤就像洛林十字一样——非常工整，而且很快就会淡得看不出来了。”

我终于开口了，我答应她，会庆祝她的复原。医生走了进来，和我握了握手，称呼我为帕克先生，但我希望他叫我的昵称：卡帕。他把我带到走廊外面，还嘱咐我一定要非常小心，因为她拖了太久才动手术。我真是万分惭愧。

医生离开之后，一个好心的女士走了进来，她径直走向我：“我是伊莱恩的母亲，你可真是个糟糕的家伙。”我们得到允许能待得久一点，还愉快地聊了天——就和家人一样。

* * *

1944年5月，伦敦陷入反攻带来的狂热之中。城市里挤满了穿同盟国各国制服的人，酒吧里的威士忌奇货可居。在那片荒漠中只有一个绿洲，就是一个叫作小法国俱乐部的地方。一位亲法的英国女知识分子创立了它。自由法国人是同盟国军队中薪水最低、酒瘾最大的人，而小法国俱乐部的酒水收费最低。此外，它还奇迹般地供应有苏格兰威士忌。欧文·肖和威廉·萨洛扬都是备受折磨的知识分子，而且在美国陆军中享有军衔，他们设法让这位女士相信他们极其崇敬法国，因此得以进入这个小圈子。他们在自由法国人的领土上占领滩头阵地的消息，很快就在其他饥渴的知识分子中散播开来——潜入开始了。在找寻同情和苏格兰威士忌的时候，有人建议我到这家俱乐部碰碰运气，找点好东西。美国会员的名额早就满了，但我还是成功了。我是以自由匈牙利人的身份进去的。

伦敦假日的第二个晚上我就是在那里度过的。凌晨三点，我回到了贝尔格雷夫的豪宅。我的房客莫娜已经要分娩了。她的情况十分紧急，以至于我一下子就想到，很快我就会有第二个房客了。我赶紧把她送到了妇产医院。莫娜的表现相当典型，以至于她立刻就被接诊了，而我则被送到了准父亲的等待室。在伦敦，一位穿着美国制服的准爸爸还是非常罕见的，而在这个时刻，担忧的英国爸爸都情不自禁地拥向了我，不断告诉我一切都会没事的。

到了十一点，一名护士前来宣布："克莱恩先生，你现在是个漂亮男婴的父亲了。"

* * *

离开二十四小时后，克里斯从英格兰中部回来了，第九空运司令部就驻扎在那里。他夸了夸克莱恩先生的小男孩，然后我们前往"小粉"所在的医院，在那里，他又夸了夸帕克先生的粉红女友。晚上，我带他去小法国俱乐部，在那里，他因为故事讲得极好受到了热烈的欢迎。他说了帕克先生和克莱恩先生的事情，这让我成了穷人的哲基尔医生和海德博士[①]——还是由阿伯特和科斯特洛[②]演的。第二天，这些美国侨民挤满了莫娜和“小粉”的病房，在里面放满了鲜花和PX口粮，以此来表示他们有多么喜欢这个故事。

* * *

进攻和超级大人物到来的流言蜚语传得沸沸扬扬。顶着棕灰色大胡子的海明威，是最后一个加入小法国俱乐部会员的人。对那些脾气火爆的人来说，他有够让人恼火的，可是我非常高兴能再次见到他。我们的友谊从美好的往昔开始。我们的第一次相遇是在1937年的西班牙保皇党中，那时候我还是个自由摄影师，而他已经是个十分著名的作家了。不知怎的，他的昵称是“爸爸”，很快我就认他当爹了。这些年间，他多次尽了当父母的责任，现在很高兴看到他的继子显然不再需要现金了。为了证明我的忠诚和阔绰，我决定为他举办一场派对，就在我那个又没用又超级贵的公寓里。

日常去医院的时候，我和“小粉”说了这个主意，她答应了，但前提是，我得偷偷给她带一瓶香槟。她坦白说，她在衣柜里藏了十瓶苏格兰威士忌和八瓶金酒，那可是她在我离开的十个月里，从自己的酒水配给中省下来的。

只有在民事配给中，才能得到苏格兰威士忌和金酒，但是只要花上三十美金就能轻而易举地买到一瓶白兰地或者香槟。在举办盛大聚会的那

---

① 哲基尔医生和海德博士：《化身博士》中的角色，善良的哲基尔医生因为控制不住内心的黑暗，喝下神奇的药水，从而成为邪恶的海德先生。

② 阿伯特和科斯特洛：均为美国男演员，共同出演了改编自《化身博士》的电影《两傻大战科学怪人》。

一天，我买了一个鱼缸、一箱香槟、一些白兰地和半打新鲜的桃子。我把桃子泡进白兰地，然后倒上香槟，万事俱备。

事实证明，免费的酒水和海明威先生的结合是不可抗拒的。每个人都是因为进攻才留在伦敦的，而他们也都出席了这场盛宴。他们喝着苏格兰威士忌，喝着香槟，还有白兰地和金酒。

我的贵宾坐在角落里，和我的一位医生朋友聊着良性皮肤癌变[①]或者须藓——就是因为这个他才留了胡子的。

早上四点钟，我们开始吃桃子。酒瓶都空了，鱼缸也干涸了，客人们开始三三两两地离开。医生提议送海明威回他的酒店。我吃光了桃子，然后去睡觉。

早上七点，电话响了。是医院打来的。他们说了些和海明威先生有关的事情，然后让我去趟急救室。在那里的一张手术台上，我找到了二百一十五磅的“爸爸”。他的头骨裂开了，胡须上沾满鲜血，医生正要给他上麻药，再把他的头缝合起来。“爸爸”彬彬有礼地谢谢我办了派对，他请求我去看望那位医生，是他开车冲进水箱的，肯定也伤得非常非常严重。另外，我还通知了他在美国的孩子们，无论他们在报纸上会看到什么，他的伤都不严重。在缝了小小的四十八针后，“爸爸”的脑袋看起来比新的还要好。

人们在急救室里，听我喊他为“爸爸”，于是都管我叫“卡帕·海明威先生”。

① 在海明威的《老人与海》中也写到了这种疾病。

↑伦敦，1944年5月。在卡帕举办的聚会后，欧内斯特·海明威在医院里疗伤。他回家乘坐的汽车，在通过城市漆黑的街道时，冲进了一个钢制水箱，他因此受伤。

*　*　*

到五月底了。英国的太阳火辣辣的，进攻延宕许久，医院也不再有趣。我爱“小粉”，但我想先回到战场上去，等她能去车站等我时，我再回来。我讨厌去医院，也讨厌在那个用鲜花和护士囚禁她的地方无所事事，“小粉”比我还恨它。

最后，她终于离开了医院，前提是她得在疗养院里待上至少两个星期。疗养院在阿斯科特，距离伦敦三十英里，是由圣玛丽会的修女经营的。

我把“小粉”抱到了租来的车上，还告诉司机前往阿斯科特。“贝尔格雷夫广场二十六号。”“小粉”说。我重复道：“请去阿斯科特。”“小粉”争辩说：“你不能这么做……我的肚子我说了算。”是她的肚子没错，但不是她说了算。

离开伦敦郊区后，田野绿油油的，我们一下开进了春天。“只要等两个星期就可以了。”我说。

“我一天都不会原谅你的。”

修女们很和善，她的房间也很舒适，窗外的风景也美极了。但我不得不回到伦敦。

小法国俱乐部令人讨厌，贝尔格雷夫令人害怕，而我郁郁寡欢。最后一次前往疗养院的时候，我发现“小粉”正在庭院里散步。她的裙子又合身了。她的腿看起来很优美，就是走起来有一点不稳。按计划，再过两天她就能回家了。我们走回她的房间，一位修女为我们端来了茶。我们喝了茶，我告诉她有一瓶最好的香槟正在我们的冰盒里冰镇着。修女又回来拿走托盘，还告诉我探视时间到了。我穿着制服，而“小粉”桌上的报纸写着：希特勒宣称将在周日入侵。修女拿起盘子径直走向门口，她头也不回地说："如果天黑之后离开，谁也不会注意到你。"

* * *

在一百多位战争记者中，只有几十个人被选上能跟着第一批进攻的士兵，其中只有四名摄影师，我是其中一个。

公共关系办公室为了被选上的少数人开了个会，还告诉我们，从现在开始必须时刻打包好自己的行李，而且每次离开公寓的时间不能超过一个小时。

我不可能再去阿斯科特了。

需要的一切我都有了，但不管怎样，我还是想突击购物一次。我在巴宝莉买了一件英国陆军的雨衣，又在登喜路买了一个银质的口袋扁酒瓶。我准备好了。

在"小粉"本应回家那天非常早的时候，一位公共关系办公室的中尉把我叫醒，还说会帮我拿行李。我不能和任何人说话，也不能留下任何信息。但是房租就要到期了，所以他让我在一张空白支票上签上名字，然后把它放在梳妆台上，用一个香水瓶子压着。我想，"小粉"会理解的。

ROBERT CAPA

第九章 1944年夏

每年一次，通常都是在四月份，每一个自视甚高的犹太家庭都会庆祝逾越节，也就是犹太人的感恩节。逾越节的庆祝流程和众所周知的感恩节几乎一致，二者唯一的区别在于逾越节盛宴涵盖一切美食，也包括火鸡，而那个古老世界的孩子们要比新世界的孩子们更加渴望这个节日。

当晚餐被饕餮一空、终将落幕之时，父亲会松开他的腰带，然后点燃一支五美分的雪茄。在这个至关重要的时刻，儿子中最年幼的一个会走上前，用严肃的希伯来语和他的父亲对话——这件事我可做过好多年。他问："本日与其他日子的区别何在？"然后父亲就会津津有味、热情洋溢地讲起故事，在好几千年以前的埃及，毁灭天使如何越过选民的头生子们，然后，摩西如何带领他们渡过红海，竟然还能不湿脚。

1944年6月4日，非犹太人和犹太人渡过英吉利海峡，湿漉漉的双腿登了诺曼底上被称为"E区红段"的海滩，他们得庆祝"渡越节"——就在那一天，一年庆祝一次。在吃光两罐C-口粮后，他们的孩子将会问他们的父亲："本日与其他日子的区别何在？"而我会说的故事大概是这样的：

受命在那个春天驻守法国海滩的人，都到英国东南海岸的巨大集中营里集合。这个集中营四周围满了铁丝网，一进入它的大门，相当于半条腿跨进了英吉利海峡。

在里面，我们都在为征途做准备。我们不得不把合法的美元和英镑的纸币换成印在薄纸上的法郎。我们收到一个清单，上面包含了上百种东西，告诉我们在1944年的这个时期位于法国海滩上得体的访客们应该穿戴什么。此外，我们还得到一本小册子，告诉我们在那里应该如何对待当地人，以及如何和他们说话。上面列举了一些有用的法语表达。“您好，先生，我们是美国人。”这是对男人说的。“您好，小姐，可以一起散步吗？”[①]这是对女士说的。第一句话的意思是“先生，请别朝我开枪”，而另一句可以有任何含义。

上面还有一些别的意见，关于如何应对不同国度的当地人，出于某些原因，我们希望能在那些海滩上遇到很多当地人。这些意见包括好用的德国短语，能表示香烟、热水澡，以及各种享受，这都只是为了在面对出乎意料的投降时用的。实际上，这本小册子十分值得一读。

我们的每件衣服都必须防油、防水，还涂上了各种保护色，以用在未来的各种环境中伪装自己。如此准备之后，我们蓄势待发，只等着代号为“D”的那一天。

我们都饱受一种古怪疾病的痛苦，就是所谓的“两栖病”。成为两栖部队对我们的意义只有一个：在心不甘地登上陆地之前，只能不情不愿地待在水里。无一人例外。唯一一个是两栖动物，同时又很开心的生物是短吻鳄。“两栖病”的程度千差万别，而那些第一批被安排靠近海滩的士兵病得最严重。

---

① 原文是法语。

↑1944年6月1日到5日，美国海岸警卫队的运输船塞缪尔·蔡司号停靠在英国韦茅斯附近。他们正在计划作战日的登陆细节，并用一块模型来代表诺曼底海滩，代号是奥马哈海滩。

* * *

韦茅斯的海港曾经盛极一时。战舰、运输舰、货轮和入侵驳船鱼龙混杂，在它们上方空中漂浮的是一个防空气球——由数百架银色飞艇组成的。将要前往法国的游客们正在船只的甲板上晒日光浴，懒洋洋地看着这个巨大的玩具被吊到船上。在乐观的人看来，这一切似乎都是新的秘密武器，尤其是远观的时候。

在我的船——塞缪尔·蔡司号——上，乘客分成三种类型：战略者、赌徒和遗书的写作者。赌徒都在上层甲板上，簇拥着一对小小的骰子，在那张毯子上豪掷千金。遗书的作者们则躲在角落里，在纸上倾泻出优美的句子，把自己最爱的猎枪留给年幼的弟弟，再把钱留给家人。至于战略者们则在船只底部的健身房里，趴在一张橡胶垫子上，那张垫子上还放着法国海岸的房屋和树木的小模型。排长们在橡胶村庄间选择出路，也在垫子上的橡胶树木后面和橡胶壕沟里寻找庇护。

我们也有每艘船的微缩模型，而且在墙壁较矮的地方还有记号，标出了海滩的名字和特定的部门——“F区绿段”“E区红段”等，这些都是“奥马哈”海滩的一部分。海军司令官和他的同僚也加入了健身房，他们把那些小船推到一边，以到达墙上画着的海滩。他们非常专业地移来移去。实际上，我越是看着这些在地板上玩耍的带满勋章的男孩，就越是充满了可怖的信心。

我亦步亦趋地跟进健身房地板上的进展，还不仅仅是因为礼貌的好奇。塞缪尔·蔡司号是一艘母船，携带了很多的突击驳船，它可以在距离法国海岸十英里的地方放下它们。我势必要做出决定，得选择乘坐一辆驳船到岸上去，还得在岸上选好一棵橡胶树来躲藏。那就像在比赛前十分钟才看了一批赛马一样，五分钟后就得下注了。

一方面，B连的目标似乎挺有意思的，和他们一起行动也许会是一个安全的赌注。可反过来说，我对E连了如指掌，而且和他们在西西里写的报道，可是我在这场战争中最好的报道。正当我在B连和E连之间抉择时，第一步兵师第十六团团长——这个团可是攻击主力——的司令官泰勒中尉向我透露，团部将紧跟着第一批步兵。要是和他同行，我就不会错过行动了，还能更安全一点。这听起来才是真正的热门，它可是个等额赌注，有2：1的赔率保你晚上还活着。

如果在这个时候，我的儿子打断了我，并问道："战争记者和军队里的其他人有什么区别呢？"我会说，和士兵们相比，战争记者得到了更多酒水、更多女孩、更好的薪水以及更大的自由，但在游戏阶段，拥有选择位置的自由，以及被允许当个懦夫还不会被处决，这对他来说就是折磨。战争记者有他自己的筹码——他的生命，而且就在他的手中，他可以把自己的命放在这匹马上，也可以放在那匹马上，甚至可以在最后一分钟放回到自己的口袋里。

我是一个赌徒，我决定和E连随第一批军队出发。

一下定决心要和第一批突击队出发，我就开始告诉自己，这场进攻将是轻而易举的事情，所有关于"坚不可摧的西墙"的说法，都只是德国人的宣传。我走上甲板，挑了个好的位置，看着逐渐消失的英国海岸。消失的岛屿发出了淡绿色的光芒，它击中我的软肋，于是我加入了遗书作者的军团。我哥哥能得到我的滑雪靴，我妈妈能邀请英国的某个人去和她做伴。这封信真恶心，我绝对不会寄出这封信的。我把它折了起来，然后塞进我胸前的口袋里。

现在，我加入了第三类人。凌晨两点钟，船上的扬声器打断了我们的扑克游戏。我们把钱放进带钱包的防水腰带里，又被残酷地提醒战争一触即发。

↑登陆诺曼底的奥马哈海滩，1944年6月6日。作战日那天上午的早些时候，美国士兵登上了运输舰，这些运输舰将把他们带到滩头阵地。

他们在我身边系上了一个防毒面具、一条充气救生带、一把铲子和其他一些小玩意儿，接着我把相当昂贵的巴宝莉雨衣放到了手臂上。在这群人中，我可是最优雅的入侵者。

* * *

进攻前的早餐在凌晨三点开始。塞缪尔·蔡司号上的餐厅服务员们穿着洁净的白色夹克，端上热蛋糕、香肠、鸡蛋和咖啡，既带有非同寻常的热情，也保持着文质彬彬。但进攻前的大兵们心事重重、毫无胃口，大部分努力呈上的食物，都被留在了盘子上。

凌晨四点，我们在空旷的甲板上集合。进攻驳船吊在起重机上，摇摇晃晃，准备好下降。两千人在等待第一缕曙光，默然站立——千万思绪，皆是祈祷。

我也一样，缄默地站着。许许多多思绪在脑海中闪过：绿色的田野、粉色的云彩、吃草的羊儿，一切美好的时光，以及拍到这一天中最精彩的照片。没有一个人有任何的不耐烦，我们一点儿也不介意在黑暗中站了非常长的时间。但是，太阳并不知道这一天和其他日子有多么不同，它照常升起了。第一批士兵磕磕绊绊地上了他们的驳船，然后我们下降到海面上——就像坐在慢速电梯上一样。大海波涛起伏，在驳船被推离母船之前，我们就被溅湿了。毫无疑问，艾森豪威尔将军不可能带领他的士兵浑身干爽地跨过这道海峡。

很快，士兵们就开始呕吐了。但这是场斯文而且精心准备过的进攻，所以专门为这个情况准备了小纸袋。很快，呕吐的人数就降到新低。我有一个预感，这将成为所有作战日的必经之事。

当第一声确切无疑的爆破声传到我们“谛听”的耳朵时，诺曼底的海岸还在几英里之外。我们曲身躲在驳船底部脏兮兮的水中，不再观望靠近的海岸线。第一艘空驳船已经在海滩上放下士兵，它从我们身边经过要回到蔡司号，黑人水手长朝我们愉快地咧嘴笑了笑，还比了个“V”字手势。天已经亮到可以开始拍照片了，于是我从防水油布中拿出第一台康泰时相机。驳船平坦的底部撞到了法兰西的土地上，水手长降下钢铁覆盖的驳船前部，在那里，在伸入水中的丑陋的钢铁障碍物之间，是一条细长的陆地，上面烟雾弥漫——那就是我们的欧洲，是“E段红区”的海滩。

我美丽的法国看起来污秽不堪、索然无味，还有一架德国机枪朝驳船四周喷射子弹，把我的归来搞得乱七八糟。驳船上的人涉水前行，齐腰深的水，时刻准备射击的步枪，还有背景处的进攻障碍物和烟雾弥漫的海滩，这对摄影师来说是再好不过的场景了。我在跳板上站了一会儿，拍下这次反攻的第一张大片。水手长着急忙慌地想要离开这里，这也是人之常情，可他把我拍照的姿势误认为是胆怯，于是一脚精准地踢到我的身后，让我只好前行。海水很冷，海滩还在一百多码以外的地方，子弹在我身边的水面上撕开口子，我只好挪向最近的钢铁障碍物。一个士兵和我同时到达那里，我们一起在它的掩护下躲藏了几分钟，他从自己的步枪上拿下防水布，向烟雾笼罩的海滩随意扫射。步枪的声音给了他足够的勇气前进，于是他把障碍物留给了我。这下空间大了许多，我觉得安全多了，都能给其他和我一样躲藏的人拍照了。

对于好的照片来说，这个时间还是太早了，天色也太阴沉，但是灰色的水面和灰色的天空，让那些躲避在希特勒反入侵智囊团的超现实设计下的小小人儿们看起来非常出片。

我拍好照片，裤腿中的海水十分冰冷。我心不甘情不愿地从钢杆处离开，但是子弹无时无刻不在追赶我。在前方五十码的地方，我方一艘半烧着的水陆两用坦克在水中搁浅了，它成了我的第二个掩体。我仔细观察了这个地方，我手臂上沉甸甸的雅致的雨衣已经没什么用处了。我扔下它，向坦克走去。在靠近坦克之前，我遇到一些漂浮的尸体，我停下，又拍了一些照片，积攒了更多的勇气，以备登陆海滩的最后一跃。

德国人已经拿出他们全部的武器，在通向海滩的最后二十五码，我在枪林弹雨之间再也找不到任何散兵坑了。我只能躲在坦克后面，重复着我在西班牙内战中知道的句子："这事非常严重！这事还没完！"[①]这确实是一件非常严肃的事情。

潮水涨上来了，现在海水漫到我给家人的遗书了，它在我前胸的口袋里。在最后两个人的掩护下，我登陆了海滩。我直直地扑倒，嘴唇触碰着法国的土地，但一点儿也不想亲吻它。

德国佬还有大量的弹药，而我迫切地希望自己能马上躲到地里去，晚点再出来。但事与愿违的可能性越来越大，我把头转向旁边，发现自己和昨晚一起打牌的一个中尉正脸对着脸。他问我知不知道他看到了什么，我说不知道，我都不觉得除了我的脑袋，他还能看到更多的东西。"我会告诉你我看到了什么。"他悄悄说道，"我看到老妈站在前廊，挥着我的保险单。"

① 原文是西班牙语。

↑诺曼底海岸的奥马哈海滩，靠近滨海科勒维，1944年6月6日。第一批美国军队在作战日登陆。

↑诺曼底海岸的奥马哈海滩，靠近滨海科勒维，1944年6月6日。第一批美国军队在作战日登陆。

↑奥马哈海滩，1944年6月6日。

↑奥马哈海滩，1944年6月6日。

* * *

在过去，滨海圣洛朗肯定是个无聊又廉价的度假区，服务来度假的法国教师。如今，1944年6月6日，它是世界上最丑陋的海滩。我们因为海水和恐惧精疲力尽，直挺挺地躺在大海和铁丝网之间的一小块湿地上。只要我们平躺着，海滩的斜坡就能遮挡我们，免受机枪和步枪的子弹，但是潮水将我们推向铁丝网，那里的枪支巴不得开火。我匍匐着爬向我的朋友拉里，他是个这个军团的爱尔兰神父，比任何业余人士都更会骂脏话。他朝我吼道："你这个该死的半法国佬！你要是不喜欢这里，你他妈的回来干吗？"在宗教的安慰下，我拿出第二台康泰时相机，开始头也不抬地拍照。

从空中看，"E区红段"肯定像个打开了的沙丁鱼罐头。我从沙丁鱼的视角拍摄，照片的前景全是湿漉漉的靴子和阴郁的面庞。在靴子和面庞之上，画幅四周全是炸弹的烟雾；燃烧的坦克和下沉的驳船则组成了背景。拉里还有一根干燥的香烟，我在自己的屁股口袋里摸索着，寻找银制扁酒瓶，然后递给了他。他侧过头，用嘴角喝了一大口。还给我之前，他把酒瓶递给了另一个战友——那个犹太医生，他相当成功地再现了拉里的技术，我也喝得口齿生香、心满意足。

下一枚迫击炮炮弹在铁丝网和大海之间降落，每一块炸弹碎片都击中了一个人，爱尔兰神父和犹太医生是最先在"E区红段"的海滩站起来的人。我拍下了这张照片。另一枚炮弹落得更近了些。我不敢把眼睛从康泰时相机的取景器上挪开，只能发疯似的一张接一张地拍。半分钟之后，相机动不了了——胶卷用完了。我伸进包里找出一卷新的胶卷，在把它插进相机之前，我那湿漉漉、颤巍巍的双手就把它弄坏了。

我停滞了一会儿……感觉真是糟透了。

空相机在我的手里不停颤抖。这是一种新的恐惧，让我从头发丝到脚趾头都在不停地抖动，甚至连脸都扭曲了。我拔下铲子，想挖出一个洞。铲子敲到了沙子下的石头，我把它扔到一旁。我身边的人一动不动地躺着，只有水位线上的尸体随着浪花来回滚动。一辆步兵登陆艇着火了，头盔上画着红十字的医生从上面倾巢而出。我没有思考，也没有拿主意，我只是站了起来，然后朝船跑去。我隔着两具尸体跨进了大海，海水没过我的脖子。激流撞击着我，每一股海浪都在拍打我头盔下的脸颊上。我把相机高高举过头顶，忽然间意识到，我是在逃跑。我试图回头，但无法面向海滩，我告诉自己："我只是想到那艘船上去把双手弄干。"

终于到船边了，最后一批医生刚刚跑出来，我爬了上去。刚到甲板上，我就感到了一阵剧烈的颤动，突然间，船上盖满了羽毛。我纳闷起来："这是什么？有谁杀鸡了吗？"接着我就看到，这艘船的上层结构被炸飞了，上面的人都被炸毁了，这些羽毛是那些人的棉夹克的填充物。船长在尖叫。他的助手被炸到他的身上，他全身血肉模糊。

船只歪歪斜斜，我们缓缓地推离海滩，试着在船只沉没之前到达母船。我在引擎室坐下，弄干双手，把新的胶卷放进两个相机。我再一次立刻走上甲板，为烟雾弥漫的海滩拍下最后一张照片。然后，我为空旷的甲板上正在输血的船员们拍了点照片。一艘进攻驳船从旁边驶来，带我们离开了这艘正在沉没的船。在波涛汹涌的海面上移动重伤人员是个困难的差事，我没有拍更多的照片，我忙着抬担架。驳船把我们带到了塞缪尔·蔡司号，就是我仅仅六个小时前才离开的那艘船上。在蔡司号上，第十六步兵师的最后一批军人正在缓缓下降，但是甲板上已经挤满了回来的伤员和死者。

这是我最后一次回到海滩的机会，我没有去。曾经穿着白色夹克、戴着白色手套，在凌晨三点为我们端上咖啡的餐厅服务员们，现在浑身是血，正忙着把死者缝进白色的麻袋中。水手们从一旁正在沉没的驳船中抬出担架，我开始拍照。接着，一切变得模糊起来。

* * *

我醒了，在一张床铺上。赤裸的身体上盖着一张粗劣的毯子。我的脖子上有一张纸，上面写着："劳累过度，没有身份标牌。"相机包在桌子上，我想起自己是谁了。

在第二张床铺上的是另一个赤裸的年轻男人，他的眼睛正盯着天花板。他脖子上的牌子只写着："劳累过度。"他说："我是个懦夫。"在运送第一批步兵的十艘海陆两用坦克中，他是唯一的幸存者，所有坦克都在波涛汹涌的大海中沉默了。他说他应该回到海滩上去，我告诉他，我本来也应该待在海滩上的。

引擎在轰鸣，我们的船正开往英国。一整个晚上，坦克上的男人和我都在捶胸顿足，坚称对方没有错，自己才是那个唯一的懦夫。

↑撤离奥马哈海滩，1944年6月6日。为第一波受伤人员提供的医疗运输艇。

↑在撤离奥马哈海滩的美国海军亨利科号上，1944年6月6日。在第一波进攻中阵亡的部分士兵尸体。

* * *

早晨，我们停靠在韦茅斯。一群未获允许随军进攻的记者，正在码头上急不可耐地等待着我们，想从到过滩头阵地又返回的人身上得到第一手个人经历。我发现，另一个被派往“奥马哈”海滩的战争记者，已经在两个小时前回来了，他从来没下过船，也从未登上过海滩，他正带着他精彩的独家新闻返回伦敦。

我被当成英雄对待。有人派了一架飞机送我回伦敦，还要用广播播报我的经历。但那一晚的情景历历在目，我拒绝了。我把胶卷放进新闻袋，换下衣服，然后在几个小时之后，乘坐第一艘船，回到了滩头阵地。

七天之后，我了解到，我在“E区红段”拍到的照片，是这次进攻中最好的照片。但是万分激动的暗房助手，在弄干底片时加热过度，以至于乳剂在伦敦办公人员的眼前溶化落下。总共一百零六张照片，只有八张抢救回来。在热到模糊的照片下面，图片说明写：卡帕的手颤抖不已。

ROBERT CAPA

第十章

回到海滩的那天晚上，我在一座诺曼人的农场的谷仓里找到了同僚，他们已经在那里建立起在法国的第一个新闻营。他们围着两根烧了一半的蜡烛，蹲在一个谷堆上面，从一加仑的啤酒桶里喝着黄色的酒。一台合上的打印机就是一张桌子。

那是作战日的后两天，那种酒是一种诺曼人的苹果白兰地，叫作卡尔瓦多斯酒，但这是一场纪念我的法式守灵会。一个军士汇报说我已经死了，因为他曾经看到我的尸体浮在水面上，脖子上还挂着相机，我一度失踪了四十八个小时，官方已经确认了我的死亡，审查员刚刚把我的讣告散发出去。我想大醉一场的念头突然出现，朋友们也厌倦了无谓的多愁善感，于是纷纷给我倒起了卡尔瓦多斯酒。

* * *

我们的滩头阵地太小了，远远不足以为两万名进攻者提供卡尔瓦多斯酒。当我们准备进攻瑟堡时，这可怕的东西的价格已经翻了四倍。瑟堡是一个重要的港口；而且，所有情报都提到，说这座德国堡垒有一个供应场，里面装满了优质的法国酒水，那都是被德意志国防军征用了的。遗憾的是，情报还提到了大量各种口径的枪支。

我加入了第九步兵师参与进攻。第九师是我方最有经验的战斗军，而且它的司令官艾迪少将是一位激进的士兵。在装备精良的堡垒中，德国人顽强抵抗，但也没有顽强到要战斗至最后一个人——只要第一个美国人离他们足够近，他们就投降了。之后他们就会举起双手，大喊着“朋友们”[①]，再索要香烟。师部攻下了一个又一个碉堡。我的勇气也回来了，拍下一大堆近距离的战斗的照片。

瑟堡最后一战的早晨，我加入了第四十七团的一个营。和我一起的是恩尼·派尔，他和我尊贵的老板查尔斯·韦滕贝克是《时代》和《生活》杂志欧洲分部的老大。我们认为，第四十七团最有可能率先到达小镇的中心。我们已经受够了被扫射，但也激动不已地不愿待在后方了。当我们进入第一条街道时，天空下起了瓢泼大雨。德国人从窗户后面狙击我们，我们紧贴着墙壁，从一扇门跳到另一扇门，以寻找掩护。

查理说他太老了，当不了印第安人了；恩尼说他也太老、太害怕了；我说我还是太年轻了，而且下雨的时候我拍不了照片。

---

① 德语 Kamerad，是第一次世界大战期间，德国士兵表示投降的喊话。

↑奥马哈海滩，1944年6月。法国渔民们正看着在作战日登陆中被杀害的一些死者。在天上还能看到防空气球，它们正停在登陆地区的上空，用来迷惑敌军的空军，防止他们低飞。

↑奥马哈海滩，1944年6月。作战日数日后的滩头阵地。

↑奥马哈海滩，1944年6月。美军抓住的一名德国士兵。

↑奥马哈海滩附近，1944年6月。被美军抓住的德国士兵们正在埋葬在作战日登陆中被杀害的一些人。

↑诺曼底的滩头阵地，1944年6月。奥马·N.布拉德利将军，他的鼻子上刚刚长了个疖子。

↑诺曼底，1944年6月。一位德国军官向美国官员们投降。

↑诺曼底，1944年6到7月。美国士兵们。

我们一点儿也不想成为第一批到达瑟堡的记者，但真的很想去那个仓库。所以我们继续前进，还成了这个营的拖油瓶。

终于到达第一个目的地：瑟堡军事医院。大约二百五十五名第八十二空降师受伤的囚犯被释放了——还有地下室数量可观、品质极好的法国酒。恩尼去和囚犯们聊天，查理去采访德国医生，我则待在地窖里。我来晚了，第四十七步兵师的每一个士兵手上、夹克上和口袋里都已经塞满了珍贵的酒瓶。我向其中一个人央求一瓶酒，但他大笑着说："除非你是恩尼·派尔。"到了另一个士兵那里，我的说法就变了。我帮恩尼·派尔向他要一瓶酒，于是他心甘情愿地分了我一瓶。很快我就搜集到一大堆本尼迪克特甜酒和白兰地的战利品，不管是查理还是恩尼都没有任何异议。

与此同时，艾迪将军也得到了他自己的战利品——冯·施利本将军，瑟堡的德国指挥官。他是我方的第一位高级囚犯，我超级想要给他拍照。但他转过身，拒绝露面，还用德语告诉他的助手，他烦死了美国新闻自由的一切主意。我用德语回答他："我也烦死了给战败的德国将军拍照了。"他大发雷霆，猛地转向我，我迅速拍下了他的照片。这可再好不过了。

* * *

突破圣洛之后，我们的第一军打开了德军的防线，巴顿将军的重型装甲和机动化的第三军挺进了这个缺口。我加入了巴顿将军快速移动的第四装甲师，他们当时正沿着沿海公路开向布列塔尼。在公路的两旁，快乐的法国人们大喊着“祝你好运！”[①]欢欣鼓舞的路标上则写着：“距离巴黎还有九十公里、八十公里……”

途经的最早一批城镇，因为我们猛烈的突袭损失惨重。空军把它们炸成了废墟，以切断撤退德军的通信。在那些城镇，法国人悲喜交加，抱怨说要是我们能像在无辜的法国城镇一样，在法国的地下扔出那么多的武器，就能杀死更多的德国人和更少的法国人，也能更好地实现目标了。

沿海小镇布雷阿勒是我们遇到的第一个未受战争摧残的地方。德国人已经逃跑，欢迎我们的欢乐活动就要开始了。这里的法国人满心欢喜，食物美味可口，酒吧里的第一杯葡萄酒还是免费的。

这座小镇里的法国抵抗运动十分激烈，而且组织有序。肩膀上扛着步枪的年轻男女孩们走过来为我们服务，他们的见面地点是佩蒂特酒店，我在那里建了只用一个晚上的私人指挥部。

这个酒店的老板是抵抗运动的成员之一。他说他为了这个特殊的时刻，专门藏了最好的香槟，而且还救下了最后一瓶。他邀请两位年轻姣好的抵抗运动女孩，和我们一起，用盛大的仪式打开这瓶酒。第一步兵师的年轻少校保罗·盖尔，在这个师部本来没有任何职务，却在一次非常私密的视察中出现了。我之前就知道他，他也出席了这次聚会。香槟很快就一饮而尽了，但老板想起来，他还有最后一瓶。实际上，那天晚上我们喝了很多的最后一瓶酒。保罗教抵抗者们跳吉特巴舞步，他们则教他基本的法语。

---

① 原文为法语。

↑圣洛西南部的塞尼利圣母院，1944年7月28日。一位法国农民向美国装甲部队的士兵提供苹果酒。

↑圣洛西南部，1944年7月26到30日。战火之下美国第二装甲师的士兵。

↑诺曼底，1944年6到7月。

↑诺曼底的阿朗松，1944年8月12日。迎接美国军队。

↑沙特尔附近，1944年8月。

↑照片背面：诺曼底，1944年6到7月。一名美国宪兵搜查一名被俘的德国党卫军军官。

↑诺曼底，1944年6到7月。一名美国牧师在照顾一名垂死的德国士兵。

到了半夜，老板已经昏昏欲睡，女孩们把步枪甩到背上，说她们得赶紧回家了，因为爸爸非常严厉，搞不好会打她们的。盖尔少校也离开了，因为他开始担心将军会找他。

我去睡觉了。睡得迷迷糊糊的时候，门猛得晃动起来，盖尔那又胖又忠诚的司机冲进我的房间。他的衬衫裂开了，上面满是鲜血。他气喘吁吁，激动得说不清话，我费了好些功夫才知道发生了什么。离开聚会之后，少校心情好得不得了，都不想直接回自己的师部了。他觉得至少还得做一件事，就是去解放一座法国小镇。格朗威尔是一座规模相当大的法国小镇，距离本地只有十二英里，似乎很有可能成功。所以他和他的司机，完全孤身前往，闯入格朗威尔，还遇到了德国人。他们发现比预料中更多的德国士兵。盖尔说他会试着在黑夜中阻止德国人，然后派司机回来请求支援。司机央求我快快行动，如果我还想救他的上校的话。

我匆忙前往第四装备师。他们说，就算还活着，盖尔也会被军事法庭审判的，因为第四装备师得到过命令，要绕过格朗威尔。但他们最后还是给了我三辆装甲侦察车。黎明后不久，我们就抵达了格朗威尔，却发现整个镇子正处在热烈的庆典之中。三色旗和星条旗在市政府上空飘扬，保罗则被一群法国内地军的士兵扛在了肩膀上。他们后面的队伍正在唱《马赛曲》，亲德的姑娘都被围了起来，正被有条不紊地剃光头发。

事情的转向着实出乎意料，但盖尔简单解释了一下。夜里的时候，当他正在和德国人互相射击时，一个有着茂盛胡子的矮个子男人加入了他，这个男人有一把老旧的枪，还让他躲进法国的内地军中。盖尔接过了指挥权，还让这个留着胡子的男人做他的参谋长。盖尔发誓说他的小个子朋友战斗起来就像一头狮子，他们一起杀死了十七个德国人，还俘虏了一百五十个人。

庆典快到正午才结束。盖尔具有绅士风度地吻了大胡子的两颊，之后才告别了夜晚的战士们。我们又累又饿，于是，保罗、他的司机和我开始去找一家好的餐馆，格朗威尔的市民都同意最好的选择是格兰酒店。我们找到这个地方，它看起来名副其实。餐厅里一尘不染，桌子都摆好了。一位身材高大的女士穿着最正式的黑色礼服坐在酒柜的后面，身边围满了开胃酒。她充满怀疑地看着我们，让我们坐下，然后叫来了老板。老板出现时，穿着完美无瑕的白色围裙，戴着一顶高耸得出奇的厨师帽。他是个小个子，胡须浓密，那正是保罗的英雄。他把菜单递给我们，瞥了一眼女士，粗鲁地问到："谁来付账单？"

* * *

不是每个人都有快乐的时光。巴顿的装甲车一路前行，没有遇到多少抵抗，但是步兵们不得不艰苦战斗，防止德国人切断巴顿的后路。

欧内斯特·海明威送了个消息到格朗威尔给我。自从法国战役开始之后，他就加入了第四步兵团。他说这个步兵团会打一场漂亮的仗，很适合摄影师，我不应该再在一大堆坦克后面愚蠢地转来转去了。他派一辆刚刚缴获的奔驰专门来接我，于是，我心不甘情不愿地上了车，开向他的战场。

↑沙特尔，1944年8月18日。同盟国解放了这个小镇之后，一群勾结过德国人的法国男人和女人在巴黎警署的院子里被围捕。女人的头发都被剃光了，很多男人大概是被行刑队杀死了。

↑沙特尔，1944年8月18日。一位母亲被剃光了头，在街上游行，并被镇民们嘲笑。她孩子的父亲是德国人。她自己的母亲（在右边那个背着布袋的人的右肩后面，勉强可以看到她）也受到了类似的惩罚。

那四十八针在“爸爸”的脑门上没留下什么明显的疤痕，他还把那残缺不全的胡子剃光了，他愉快地接待了我。他已经是第四师的荣誉成员了，还因为胆量够大和军事知识丰富备受尊重——像他的写作一般。在师部里，他还有一小支自己的军队。司令官巴顿将军曾举荐他担任史蒂文森中尉的公共关系官员，史蒂文森可是泰迪·罗斯福的前助手。还给他分配了一名厨师、一名司机、一名身为摄影师的前摩托车冠军，他自己还有苏格兰威士忌的配给。

表面上，他们都是一群公关人员，但是在“爸爸”的影响下，他们成了一群嗜血的印第安人。作为一名战争记者，海明威是不被允许持有武器的，但是他的特遣部队携带了每一种想到的武器，不仅有德国产的，还有美国制造的。他们甚至有机动车。除了梅赛德斯奔驰，他们还缴获了一辆有边车的摩托车。

“爸爸”说在几英里外正在进行一场有意思的攻击，还觉得我们应该去采访。我们往边车上装了点威士忌、几挺机关枪，还有一堆手榴弹，然后就向进攻的大方向出发了。

第四师第八团的计划是夺回一座小镇，而“爸爸”对形势了如指掌。一个小时之前，第八团就已经从小镇的左翼开始进攻了。他确信，我们可以抄近路，从小镇的右翼开进去，并且不会有什么困难。

他在地图上向我展示这事有多么容易，但我一点儿也不喜欢这个主意。“爸爸”嫌弃地看着我，还说我可以留在后面。除了跟着他，我什么也做不了，但我也清楚无疑地表达了我的抗议。我告诉他，匈牙利人的策略是走在一大群士兵的后面，以及永远不会穿过无人区孤身走近路的。

我们在前往小镇的路上奔驰。“爸爸”、他的红发司机，还有摩托车上的摄影师打头阵，而“史蒂夫”中尉和我安全地跟在五英里之后。我们小心翼翼地前进，时不时地停下来查看地图。终于，我们到达最后一个急弯，之后就是直直通向小镇的马路了。我没听到有任何枪击声从小镇的方向传来，感到不安极了。“爸爸”对我嗤之以鼻，我则报以更强烈的抗议。当他抵达急弯时，一个可怕的东西在他身后十码的地方爆炸了，那是个爆炸了的炸弹。他被甩到空中，又栽进了沟里。红发司机和摄影师也撤退了，后者迅速丢掉了他的摩托车。我们四个人在急弯的这一边，都得到了保护。可“爸爸”就不是了，他在另一边。另外，沟很浅，他的屁股伸出了至少一英寸。曳光弹击中了他头上的泥土，村子入口处的轻型德国坦克还在一刻不停地发出爆破声。他倒栽葱了两个小时，直到德国人在姗姗来迟的第八团阵列中发现了更大的目标。

“爸爸”马上跑开，跑到我们这边。他怒不可遏，但他生气的与其说是德国人，不如说是我，他指责我在他遭遇危险的时候袖手旁观，这样我就能拍到著名作家的尸体的第一张照片了。

晚上，战略家和匈牙利军事专家之间的关系已经有点剑拔弩张了。

* * *

前往巴黎的道路正在召唤我。第三陆军到达了拉瓦勒，距离巴黎只有六十余英里，我匆匆忙忙撵上了他们。经过四处响起的枪击声、一群新的崩溃了的德国囚犯、公报中提到的另一个小镇，我们终于抵达朗布依埃。这是巴黎前的最后一站了，但我们必须在那里逗留——这次是政治原因。

巴黎人起义了，自己在街头对抗德国人。盟军最高司令部决定，在这样的情况下，让戴高乐的新军队的精锐——由美国人全副武装的法国第二装甲师，以解放部队的先锋进入巴黎，将会是一个好的举措。

法国装甲师在朗布依埃集合，为最后一击做准备，他们可是一支作风优良的队伍。法国海军陆战队队员曾在利比亚沙漠中和蒙哥马利一起赢得了赫赫名声，他们依然穿着带有红色绒球的旧水手贝雷帽。队伍中有西班牙共和党人和塞内加尔黑人，还有从德国战俘营逃出的法国人——他们的脸上都带着战士般轻松的微笑。

每一位来自国际的写作者也都在朗布依埃集合了，还有每一位受认证的战争记者，大家都吵吵嚷嚷、尔虞我诈，想成为第一个进入巴黎的人，从而在有着辉煌历史的伟大城市中留下一笔。

早在自由法国人和新闻记者到达之前，海明威就拿下了朗布依埃。他的私人四人军队已经从抵抗中甄选出一些激情洋溢的年轻人，现在已达到十五人了。这个混合的部队照顾着“爸爸”，模仿他大熊水手般的步伐，用截然不同的语言从他们的嘴角吐出短短的句子。他们带来的手榴弹和白兰地比一整个师部的还要多。每天晚上，他们都出去，在朗布依埃和巴黎之间侵袭剩下的法国人。“爸爸”的军队里再也没有匈牙利专家的位置了，所以我再一次加入了查理·韦滕贝克，他自己有一辆吉普车可以冲向巴黎。

八月二十四日，法国坦克部队撸起袖子出发了。二十五号晚上，我们在一个路标下露营，路标上写着：“奥尔良门——六公里。”这可是我睡过的最好的路标了。

那天早上，太阳没一会儿就升起来了，我们都没顾上刷牙。坦克们已经在道路上哒哒作响了。那真是个愉快的早晨，行驶在路上时，就连我们的司机——一等兵斯特里克兰，都忘了他的弗吉尼亚风度，每隔五分钟就要戳戳我尊贵老板的肋骨。

就在巴黎外的两公里处，我们的吉普车停在了一辆坦克旁边，后者属于法国第二装甲师。我们被告知不能再往前了：勒克莱尔将军发出严格的命令，不许任何人进入这座城市，除了法兰西第二帝国的人。这老家伙一下就不招人喜欢了。我从吉普车下去，和坦克上的人争论。他们用西班牙口音讲法语。接着，我注意到坦克的名字，在旋转枪架上画着的词是“特鲁埃尔”。

在1937年的冬天，我那时还和西班牙共和党人一起庆祝他们最大的胜利——特鲁埃尔之战。我告诉坦克里的人：“你没有权力——你阻拦我是不合理的。我是你们的一员——自己人——我参加了那场冷得要命的战役。”

“如果这是事实，”他们回答，“而且你告诉我们的确凿无疑，那你确实是我们的一员。你一定要加入我们，还得坐上这辆货真价实的特鲁埃尔号坦克，和我们一起进入巴黎！”

我一把跃上坦克，查理和斯特里克兰在吉普车里跟着。

前往巴黎的道路畅通无阻，每一个巴黎人都走到了街上，去触碰这第一辆坦克，去亲吻第一个人，去放声歌唱，去放肆哭泣。从来没有过这么多人在这样早的清晨如此快乐。

我觉得，这次进入巴黎对我有着特殊的意义。坐在美国人——是他们接纳了我——制造的坦克上；和西班牙共和党人——许多年前我和他们一起抗击过法西斯主义者——一起前行；我正回到巴黎——我在这座美丽的城市，第一次学会品尝美食、欣赏佳酿，以及全心全意去爱。

相机取景器中成千上万张脸变得越来越模糊，因为取景器已经非常非常潮湿了。我们开过我住了六年的街区，经过我家旁边的贝尔福雄狮时，看门人还在挥舞手帕，我从轰隆隆响的坦克上向她大喊：“是我！是我啊！”①

① 原文是法语。

↑巴黎，1944年8月25日。法国第二装甲师进入之后，必须在巷战中除去大量的德国狙击手。很多法国平民和抵抗运动的成员在这场战役中帮助了法国军队。

↑照片背面：巴黎，1944年8月25日。

↑巴黎，1944年8月25到26日。这座解放之城中一名法国抵抗运动的战士。注意那枚自制的奖牌。

↑巴黎，1944年8月26日。查尔斯·戴高乐将军率领着盛大的凯旋队伍在香榭丽舍大街游行，庆祝这座城市的解放。

↑巴黎，1944年8月26日。欢庆城市的解放。

↑巴黎，1944年8月26日。在俯瞰市政厅广场的建筑物内，当狙击手们开枪之时，惊慌失措的人们倒在了马路上。

↑巴黎，1944年8月26日。

* * *

我们的第一站是蒙帕纳斯大道的多摩咖啡馆前方，我最喜欢的桌子空出来了。穿着浅色印花裙的姑娘们爬上坦克，不一会儿，仿制口红就盖满了我们的脸。我们中最帅气的西班牙人得到的亲吻最多，可他嘟囔道：“我宁愿被马德里最丑的老女人亲吻，也不想被巴黎最美丽的女孩亲上。”

在众议院附近，我们不得不投入战斗，有些口红就被血冲走了。后半夜，巴黎自由了。

第一个晚上我想在最好最好的酒店——丽兹酒店度过，但酒店早就被包下了。海明威的军队通过其他路径也进入了巴黎，而且在一次迅速又轻松的战斗之后拿下了他们的主要目标，并从德国乡巴佬的手上解放了丽兹酒店。红发司机站在门口把守，喜气洋洋地展示丢掉的每一块前牙。他用惟妙惟肖的最海明威式的语调说道：“‘爸爸’拿下了好酒店，地窖里东西多的很。你快上去。”

这都是真的！“爸爸”为我准备了这一切，他给了我一个宴会，还有酒店最上等房间的钥匙。

ROBERT CAPA

第十一章

巴黎解放日是世界上最令人难以忘怀的一天。可最难以忘记的一天再过上七天，就是最悲伤的一天。食物吃完了，香槟喝光了，女孩都各自回家了，去解释解放的事情。商店关门了，街上空空荡荡，刹那间，我们意识到，战争并没有结束。实际上，它就在二十五英里外继续着。

在第七天，我正坐在斯克里布酒店的酒吧——这个酒吧是美国陆军给新闻记者的犒赏——里，试着教加斯顿调制最厉害的提神饮料——“受苦的浑蛋”。当他把西红柿汁、伏特加和伍斯特酱混合摇晃在一起时，我正在为崇高的战争摄影艺术敲丧钟，仅仅在六天之前，这种艺术就在巴黎街头过时了。今后的照片里，再也不会有北非沙漠中的步兵，也不会有意大利群山中的士兵，更不会有穿过诺曼底海滩的入侵；也绝不会有可以媲美巴黎的解放了。

我告诉加斯顿回到前线希望渺茫。从现在开始，我只能一次又一次地拍摄相同的照片。每一个潜伏的士兵、每一辆轰隆隆的坦克，或者疯狂挥舞的人群，都将是我之前在某地拍到的某些照片的小复制品。

加斯顿倒出混合物，当我喝下它时，他也在缅怀自己的英雄岁月。

占领期间，他在法国南部的马奇游击队作战过。大多数在那里作战的人，都是流亡的西班牙共和党人，而他们的指挥军官是阿尔瓦雷斯将军。他们没有坦克，只有少量的机关枪，但他们的战争绝不无聊。

“现在，既然法国南部已经解放了，”加斯顿说道，“我就把步枪换成了鸡尾酒调酒器。但西班牙人还保留着武器。不久，他们就会穿过比利牛斯山脉，然后把西班牙从佛朗哥手上解放出来。”

我喝光酒。我感觉好多了。

* * *

回到1939年1月，法西斯主义者们当时占领了巴塞罗那。从巴塞罗那到法国边境几百英里的道路上，挤满了黑压压的人，他们都在逃离佛朗哥的军团。知识分子和工人，农民和商店主，母亲、妻子，还有孩子们，都跟在共和党军队几辆仅剩的组织混乱的汽车后面。他们带着自己的包裹，双脚血淋淋地走向民主法国的自由。

新闻记者们写下了他们的故事，而我给他们拍了照片。但是这个世界对他们没什么兴趣，而在短短几年内，有很多别的人在很多别的道路上，在同样的军队和相同的万字符前面奔跑或者跌倒。

法国宪兵接纳了筋疲力尽的西班牙难民，态度残酷冷漠，一如衣食无忧的人们。难民们一个接一个地到达边境，共和党军队在队伍的末端为他们的逃离保驾护航，他们是隶属于马德里旅的数千名士兵。从战争的第一天到最后一天，他们都在战斗，可是当最后一个平民跨过边境进入法国时，除了也进入法国，他们别无他法。他们的司令官莫德斯托将军在边境时，端坐在一匹白马的上方。这个旅在闪烁的电筒灯光下行军：他们的步枪干干净净、闪闪发光；他们的头颅高高昂起，他们的眼睛在电筒灯光中，微微潮湿。经过将军时，他们握紧自己的拳头，举起右手，大声呼喊：“再会了！[①]……我们终将凯旋！”

吓了一跳的法国宪兵们自发地举起手臂行礼。但之后，整个旅就被安置进了集中营。

* * *

在图卢兹，法国内地军的司令部，阿尔瓦雷斯将军接待了我。他很年轻而且真诚，非常迫切地想再次跨过那道边境，但他必须等待来自盟军的信号。他确信，这信号用不了多久就会到来。盟军已经在前往罗马和柏林的路上折了不少人，前往马德里的大道将是下一条路。

他提议我去参观他的军队，士兵们合起来有两万人，都集中在比利牛斯山脉法国边境一侧的小村子里。

到达那里时，西班牙人正在一个古老的小酒馆里举行盛大的聚会。他们放声歌唱，用双颈瓶喝着烈红酒。他们抓住较大的瓶颈，把酒瓶高高举起，然后用半张的嘴，接住从狭小瓶颈流出的涓涓细流。

在房间中央，一位来自安达卢西亚黝黑的吉普赛人正唱着弗拉门科舞曲。唱到副歌时，其他人拍起手掌，大喊“哦嘞！”吉普赛人唱完之后，接着唱歌的是一个悲伤的加泰罗尼亚人，他唱了他们省忧郁的霍塔舞曲。加泰罗尼亚人满眼温柔地听着歌，其他人则在每首歌结束时大喊“好极了！”接下来是一个加利西亚人。他有一张乐呵呵的宽脸庞，他的曲子歌唱的是绿油油的田野和高耸的山脉。他唱了很多类似的曲子，而且每唱完一首，他们都让他再唱一首。

---

① 原文为西班牙语。

有一个瘦瘦的人，他从来没拍手，也没有叫好过。现在，轮到他了。他的胸前佩戴着许多绶带，每一条都代表一场大战，有的发生在西班牙，有的发生在法国。他唱了首我之前从未听过的曲子，这首曲子是用西班牙语唱的，可是我们所有人都对那优美的旋律很陌生。

他唱完时，屋内鸦雀无声。忽然，有个人问道："告诉我，先生，哪里的人会唱这首歌？"

"阿兰谷，"他回答，"离这里只有二十英里——就在山的另一边。那是一个很小的山谷，只有三个村子。巍峨的群山包围着它们，它们几乎与世隔绝，既远离西班牙，也远离法国。就是那里的人唱的这首歌，我的诺维亚也在那里等了我好些年。"

一个大胡子男人站了起来，他的肩膀上还有肩章。"我是阿兰山口边防哨所的指挥官。我提议，我们到这个山谷去。"

一下子，群情激愤。小酒馆里的人们自告奋勇要穿过群山，拜访歌中唱到的如画美地，而且，在那里还有个诺维亚等了一个男人六年，这个男人离她不过二十英里。

他们给图卢兹的指挥部打电话请求许可,但是阿尔瓦雷斯将军拒绝了，说这是不可能的。人们沮丧极了,不管怎样，灌溉酒瓶的酒桶已经干涸，聚会也开始解散了。

接着，指挥部又打电话回来了。这次获得了许可。"可以有一百五十五个人穿过边境。但他们得避免流血，还要在二十四个小时里返回法国。他们得知道西班牙人会如何看待被驱逐的兄弟们的再次回归，还要知道，他们知不知道在法国的西班牙人一直在和法西斯主义者战斗。"

至于这个美国人，也就是我，得留下。指挥部说，我只能走到边防哨所那里，以免引起国际纠纷。

↑图卢兹，1944年11月。西班牙民族联盟的一场会议，这是个反法西斯主义的西班牙人机构，它相信既然他们已经帮忙解放了法国，那么盟军现在就有责任帮助他们把西班牙从佛朗哥大元帅的手中解放出来。但盟军却没有这样的责任感。

整整一百个奇怪的男人，爬上卡车，然后在八千英尺高的山上，沿着蜿蜒的道路小心翼翼地前进。边防哨所是一个小小的木屋，我们在那里下了车。一条窄窄的小路，通向悬挂在山顶的云层。另一边就是西班牙。

我和那个大胡子哨所司令官留了下来。其他人背上他们的步枪，排成一列纵队，消失在浓雾之中。

* * *

我们在小木屋里面，升了一个大的火堆，煮了些浓咖啡，静静等待。到了早上十一点钟，马德里广播电台中断了一个节目，宣布一个重要的消息："一万名西班牙裔罪犯，带着美国武器，穿着法国制服，从共产主义法国越过了边境。最近的陆军和长枪部队已经收到警报，预计很快就会和他们交战。"

大胡子男人说，佛朗哥一肚子坏水，而且生下来就是谎话精，守卫们纷纷同意。接着，法国广播又发出一条特别的信息："所有和法国内地军交战的西班牙人，都将被转移到距离边境至少二十英里的地方。那些跨过边境进入西班牙的人，在回去后将会被缴械并拘留。"司令官嘟嘟囔囔、骂骂咧咧起来。我们都十分担心。

不一会儿，装满法国正规军的法国军用卡车就开上了哨所。他们命令司令官和他的守卫们立刻撤退，回去向图卢兹汇报。我和法国人待在一起。夜晚来临，但没有一个西班牙人回来。火堆边开始了一场争论，有的法国人抱怨那些该死的外国人总是惹麻烦，其他人则记起那些该死的外国人，曾经漂亮地反抗过德国人，还解放了他们自己居住的一些村庄，但是他们都同意，西班牙人必须按照命令被拘留。

到了半夜，守卫进来了，他的制服上落满了雪。法国队长说天气太糟糕了，但这都是西班牙人自找的。当他们越过更高的山坳，他们的脚就会湿漉漉的，还冻得僵硬。但西班牙人没有回来，只有厚厚的雪花在深夜里飘旋。

早晨，地上积了两英尺厚的初雪。雪还在下，法国人说，现在不可能跨过山口了。

但到早上十点钟，浓雾中出现了一道淡淡的阴影，它慢慢靠近小木屋，在雪地中留下深深的坑，那里曾经有一条小路。他独自一人，肩上扛着六把步枪。法国守卫拦下了他，他交上步枪，说自己准备好了。法国队长十分不安，他低声发誓，说逮捕一个在风雪交加的夜晚带回六把步枪的人是不对的。他们让他赶紧消失，再在村子里把脚弄干。西班牙人刚要离开时，他回头望了一眼山尖，说道："还有人活着……我想在那里也许还有其他人。"接着，他就慢慢离开了。

第二个人则背着一名受伤的同志，他们也不能逮捕这两个人。到了中午，一共回来了三十七个人，所有人都太伟大了，情形也太凄惨了，完全无法拘留。

我们一点点知道了他们的经历。前天晚上，当他们从这座山下去，到达西班牙时，整个村子的人都出来欢迎他们。牧师说，村子里的人知道他们的战斗，也都为他们祈祷。一张巨大的桌子摆了出来，他们吃面包、喝红酒，还跳起了舞蹈。忽然，他们中的一个人警告说，下一个驻防地的长枪党就要来了。他们有条不紊地撤退，可就要开始爬山坳时，却被突如其来的大雪吓了一跳。他们只能缓缓前进，可在大雪之中，他们轻而易举地成了长枪党的靶子。大多数人都被击中了，他们冰冻的尸体只能留在西班牙的雪地里。

最后一个回到哨所的人由两个男孩跟着。他是那个瘦瘦的、唱了奇怪歌曲的男人，他的嘴现在抿成一条细细的线。在他身后踉踉跄跄跟着的男孩们，穿着佛朗哥长枪党的制服。瘦男人走到火堆旁，让男孩们脱掉他们的鞋子，擦干他们的脚。

我把扁酒瓶递给他，让他喝点酒，他用嘶哑的嗓音告诉我发生了什么。这两个人是他的诺维亚的弟弟，他们被迫加入了长枪党。当他们不得不撤退时，女孩和男孩们加入了他的队伍。在前往山丘的中途，他们不得不做出选择。男孩们想加入法国陆军，和德国人战斗。所以，诺维亚回到村子里照顾她的母亲……继续等待他的回归，也许还要等待更多年。

回到西班牙的路途迢迢漫漫。马德里那些又老又丑的女人也许早就死去，无法亲吻，而那些活着回去的男人，可能也会变得太苍老，无法再享受年轻女孩的热吻了。

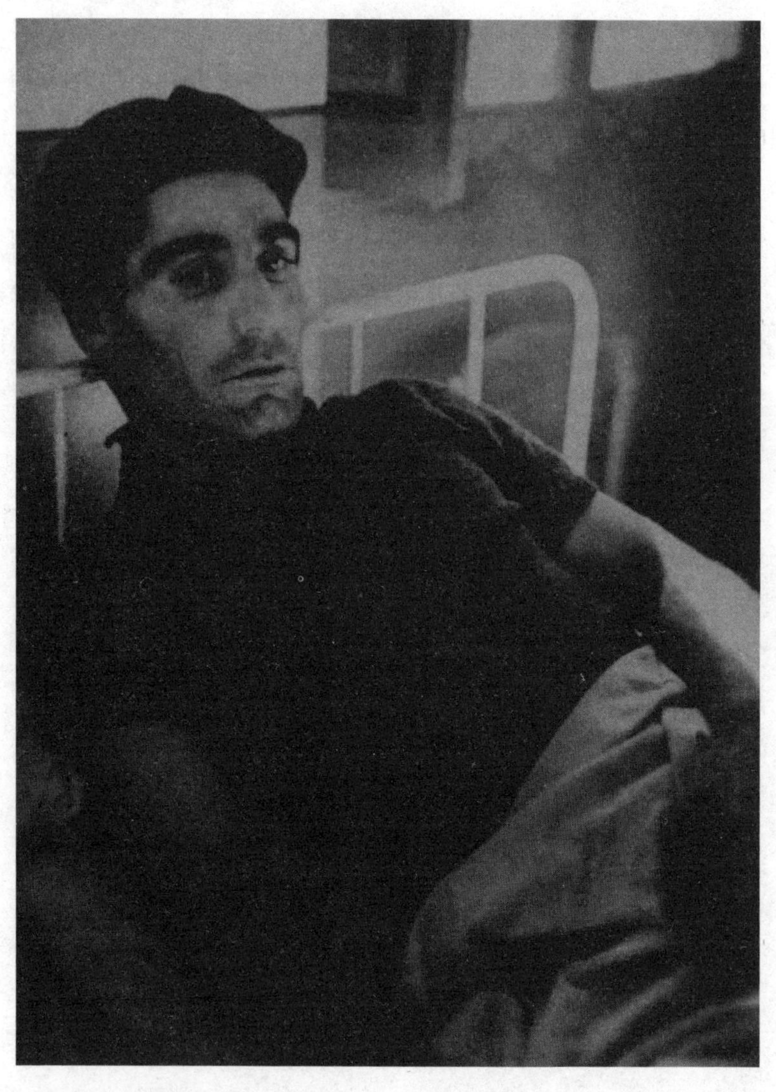

↑图卢兹附近，1944年11月。一位西班牙反法西斯主义者从法国逃离。他曾经是失败任务的一员，在1944年10月徒步跨过比利牛斯山脉去解放几个西班牙村庄。

ROBERT CAPA

第十二章

回到斯克里布酒店后，门童说有个人在酒吧等我——事实上，他已经等了整整三天了。在吧台后面，加斯顿正在为一位年轻的美国军官调酒。那是升职了的克里斯。

就算从大老远的地方看过去，他也像是要美美地宿醉一场。我拉过一张凳子，在他旁边坐下。他从酒杯的底部看到了我，就把酒杯放下了。“是时候了，”他说，“快走，我们得回伦敦去。”

来自伦敦的最后几封信确实表现出了“小粉”的不满，但那也不足以让克里斯一大早就喝高了。“最后通牒在哪里？”我要求道。

“‘小粉’已经给你寄过信了，但她说那没用。既然巴黎又一次自由了，你难道不关心留在英国的人吗？”

但我现在不能回到英国，那是不可能的。我解释说，我得从英国拿到签证，然后我还得得到美国陆军的命令，才能坐上飞机。这一切得花上好多天。而且，我还必须回到前线去。“小粉”只能等待。

但克里斯十分坚持。“都解决好了，”他告诉我，“我借了架将军的飞机。至于机场的安保人员，交给我来解决就行，不会有麻烦的。我甚至安排了一架飞机，明天早上就带你回去。”

不，这还不够，我说。“小粉”已经退掉了我们的公寓，如果非法潜进伦敦，我是订不到旅店的。

克里斯否决了我的说法：“‘小粉’已经搬进多撤斯特酒店。另外，她的状况真的很糟糕，你必须走。我会尽可能久地留下这架飞机。”

将军的飞机就在机场，飞行员帮助我们登上了飞机。在飞机上的时候，克里斯睡了过去，而我开始焦虑。战争就要结束了，我真的不想再有任何护照上的麻烦了。

当我们在距离伦敦二十英里的诺霍特着陆时，天几乎都黑了。一着陆克里斯就醒了，经过安保人员时，克里斯把我推到前面，用低沉的嗓音告诉他们，我有V.O.G.G。在吉普车上时，克里斯承认，说那并不是谣传，因为它仅仅意味着“将军口令”[①]。

* * *

一到镇上，我们就给多撤斯特酒店打了电话。“小粉”正在那里，她已经做好准备了，正在等候，并让我们到酒店附近的阿斯特俱乐部等她。

她穿着相同的黑裙子和黑色凉鞋，就是十八个月前在亚德里穿的那些。但现在，她身材纤薄、面色苍白。她轻轻亲吻了克里斯的脸颊，告诉他他真好。然后，她转向了我。

“你总算回来了。”

“我根本不应该在这里。”

“为什么不给我回信？”

---

① 英文是 Verbal Orders Commanding General。

“我们跳舞吧。”

我们跳了一会儿，基本上就是站在舞池中央。克里斯从一旁看着我们。

“对克里斯好一点，”“小粉”说道，“他在恋爱呢！”

“你连他都不放过吗？”

“别担心，他爱你甚过爱我。”

克里斯插嘴了，说了点初中舞会的事情。他是个很棒的舞者，他们还是优雅的一对。我们回到了桌子前，喝了瓶香槟。“小粉”和我再一次站到了舞池中央，她和克里斯又跳了两支舞。半夜过一点，克里斯站了起来，说按计划，我的飞机要在早上九点钟离开，七点整的时候他会在多撤斯特酒店的大门前接我。

我们又待了一会儿，然后才离开。在她的酒店前，“小粉”给了我403号房的钥匙。“你最好一个人进去，”她说，“我很快就会来。直接走到电梯，不要停下，也不要朝桌子上看。”

我按她说的做了。但是，等电梯时，一个高大的男人朝我走来。他有双小小的眼睛和上过蜡的红胡子，还穿着套闪亮的蓝色西装。我故作轻松，掠过他的眼睛，看向他的胡子，但这没用。

“对不起，请问您预订了吗？先生。”他的语气不容置疑。

“额，并不完全是，”我回答，“我是要上去见帕克小姐。”

帕克小姐没有起居室，他告诉我，所以她不能很好地接待客人，而且她不在，另外，他是酒店侦探。我结结巴巴地说了点什么就逃离了酒店，“小粉”刚好进来。“胆小鬼。”她指责我。

我们穿过公园小径，来到海德公园。我们的脚陷进潮湿的树叶中，“小粉”一直把手放在自己的口袋里。

“再过几小时，你就要回到战场去了。”

“我不得不走。”

“你会有另一个有趣的报道要写。”

我无法回答，即便是在黑暗之中。

“我不会再美丽了。如果你离我而去，我将日渐憔悴。”

我立刻反驳：“你非常非常美丽。”

“容颜丑陋之时，我便不愿再活下去了。”

我们再一次经过多撒斯特酒店那一大团黑漆漆的建筑，微弱的灯光在前门下闪烁。“战争不会持续太久的。”我无力地回道。

“对你来说，它持续的时间永远不够长。”

我们又一次走在湿漉漉的叶子上。“小粉”的连裤袜，在脚踝以上的地方都湿透了，她的凉鞋沾满了泥土。我们经过大理石拱门，然后在指向防空洞的箭头前停下。我们走了下去，钢制的窄床上还是挤满了人。即便是在睡梦中，被炸毁的伦敦人那疲惫的脸上也没有丝毫的放松。丈夫们和妻子们睡在不同的床铺上，孩子们则挤在同一张床上。管理员走向我们，索要庇护券。“小粉”告诉他，她只是想向自己的美国朋友展示伦敦的另一面，接着我们就回到了公园。

光秃秃的树木在浓雾中哭喊。夜色仿若死灰，我们一次次地经过了多撒斯特酒店。然后，我请求“小粉”来到巴黎，加入我。“你可以从《生活》杂志的女记者那里借到一套战争记者的制服，”我说，“克里斯还能偷偷带你过去。”巴黎附近的奥利机场，管制不是非常严格。我解释说，只要她穿着美国制服到达巴黎，不会有人向她要许可证或者护照。

她沉默了一会儿，然后提议吃点早餐。

在里昂角屋，她脱掉鞋子，在散热器上晾干了连裤袜。她俯下身，再把它们穿起来。她头也不抬地问道：“你真的想让我去吗？”

我告诉她是的。

“没错，这是有可能的，”她说，“你有足够的勇气背着降落伞从飞机上跳下去，但你畏惧一个小小的酒店侦探，对于陷入爱情更是怕得要死。我会去巴黎的。”

她在脸上扑了扑粉，倒了茶，然后开始长篇大论。她变成截然不同的“小粉”了，她想知道她还能不能买到香水，她还有没有机会穿上晚礼服，她穿制服的话是不是得带上一个打字机，以及我们要住在哪里。每件事我都说可以，还描述了兰开斯特酒店有多么的舒服。

茶凉了，吐司也凉了，但是早餐吃得非常愉悦。

早上七点钟，我们在刚刚开门的多撤斯特酒店门口遇到了克里斯。他看起来脸色苍白，还说他是在自己的车里睡的。“小粉”向我吻别，然后走进旋转门消失了。我在车里和克里斯说了这一晚的事情，他还承诺会很快把“小粉”带到巴黎。

经过管制时，他再一次说我有V.O.G.G，还把我送上了一辆货机。离开之前，他说V.O.G.G的真实含义是“非常普通的卡帕走了”[①]。他又补充道：“希望在巴黎不会有什么白痴酒店侦探。”

我告诉他，一说起这个，我就来气。

① 英文是 Very Ordinary Capa Going。

ROBERT CAPA

第十三章

在空荡荡的吧台后面，加斯顿正读着报纸。坚不可摧的巴顿将军又一次进攻了，还跨过萨尔河进入了德国。加斯顿说这是有着重大意义的事情，还添油加醋地说每个真正的新闻记者都准备好去前线了。

在《生活》杂志的巴黎办公室里，我发现了一摞给我的电报。那是我在纽约的老板发过来的。他和加斯顿的预感一样，还催促我加入巴顿的军队。于是，我收拾起行囊，回到了这场伟大的战争中。现在是在德国的土地上战斗，那么，我希望我的照片能再次燃起热血，兴许还要和过去战役中的那些照片有些许不同。

我在萨尔河加入了第八十师。已经有两个营跨过这条河流进入德国了，而德国人也在这小小的滩头阵地集结起他们的重型武器。大多数炸弹都落在了浮桥上，失去这些桥，这两个营就得不到食物或者军火的补给了。

在萨尔山谷，我发现了一个新的秘密武器：从火药桶里释放出的人造雾。这种雾会覆盖整个地区，无论是谁都看不清前方两码以外的东西。一个营的黑人士兵一边不断开火，一边产生雾气。在升腾的水汽中，黑人和白人面目相似，都成了灰色的剪影。我停下来和一个黑人说话。他说，那些爆裂的炸弹在和他说话，每一个炸弹都蕴含一个特别的信息。一枚炮弹袭来，而他咧嘴一笑："那个听起来像是'你别想回阿拉巴马了'。"

炮弹的烟雾把雾气变得更加浓重，但是美国大兵们从容不迫地完成着他们的任务。吉普车在狭窄的桥上缓慢地前进。我似乎是唯一一个害怕的人，但也非常高兴回到了前线。

在萨尔河的另一边，我在营指挥部安顿下来，它就在一栋小房子的地窖里。接下来几天，这里就是我的家了。人造雾让拍照变得不可能，我也得到了告诫，美国陆军发明这玩意儿，可不仅仅是为了对抗敌人，也是为了防备摄影师。我找到一本《战争与和平》，整整五天五夜，我都躺在铺盖卷儿里，就着手电筒的灯光读着。

对任何人来说，那都是一个糟糕的地方，对摄影师而言更是绝望之地，但是我的铺盖卷儿很温暖，这本书又非常好读。至于音效嘛，又像是专门定制的。

一走下地窖，我们就和外面的世界隔绝开来了，战争只在房子周围的街道上进行。我们很少关注其他前线的每日公报，直到看到了一条特殊的头条新闻，它宣称：冯·伦德斯泰特①和德国人已经突破我们的防线，正朝列日②进军。一开始，我们完全不相信，但是无线电确认了这则消息。我把没看完的《战争与和平》丢在了地窖里，再一次穿过了萨尔河。

这则消息在凡尔登的第十二集团司指挥部炸开了锅。德军还在前进，而在重新集结队伍之前，我们只有三个后备师的兵力来阻挡他们。那是三个空降师，其中一个已经被包围了，还被切断了联系，尽管他们还在一个叫巴斯托涅的小镇子里顽强抵抗。那是第一零一空降师，它将成为整场战争最伟大的传奇之一。

---

① 冯·伦德斯泰特（1875—1953）：纳粹德国陆军元帅。

② 列日：位于比利时东部的城市。

↑比利时的巴斯托涅南部，1944年12月23至26日。在突出部之役中，美国步兵穿过了一片冰冻区，那里还有一辆坦克被美国战斗机击中了。

陆军情报部门对德国人的进攻讳莫如深，根据他们的报道，这些德国军队要么已经被歼灭了，要么正在遥远的东部前线。现在，情报部门拒绝披露任何信息，每一件事都是头号机密。不过，我还是从雷丁上校那里得到一个提示，他可是公共关系办公室的老大。他说，要是对巴斯托涅有兴趣，那我应该去找第四装甲师。他给我提供了一辆吉普车，于是我朝着巴斯托涅的大方向出发了。

每隔五百米，我们就会被特别宪兵拦下。他们仔仔细细地检查我们的任命和身份卡，还要问不断变化的密码。之后，等我们给出密码，他们还是坚持不懈地问许许多多蠢到不行又让人尴尬到不行的问题。他们想知道“内布拉斯加州的首府在哪里？”以及“谁赢得了上一届的世界大赛？”他们解释说，德国间谍和破坏者就在我们的通讯线后面被伞兵击落，他们现在正穿着美国制服、说着地道的英语，在四周漫步。我说的英语远远算不上地道，而且我的口音还有一点老土。更糟糕的是，我不知道内布拉斯加州的首府在那里。我被抓过很多次，每一次都不得不耽误好几个小时。

最终，我们抵达了第四装甲师的指挥部，那里距离巴斯托涅只有二十英里。他们的坦克开到前头去释放空降兵，他们现在已经疲惫不堪，而且弹药奇缺。

我像以往一样，到情报部门登记，但我还没来得及和上校说自己是个摄影师就被逮捕了。我被押到墙角，还被勒令面向墙壁——这样我就看不到形势地图了。他们最终和雷丁上校通上了电话，我才得到允许转过身。情报官员连句道歉都没说，这也不是成为敌侨的时候。

↑比利时的布斯托涅南部，1944年12月23到26日。一位美国士兵抓住了一个德国人。

↑比利时的布斯托涅南部，1944年12月23到26日。一个农民在埋葬他的马。

* * *

那是圣诞节的前两天。战场上覆满白雪，气温远低于零摄氏度。我们双手冰冷、双脚寒冻、泪水涟涟，却只能夜以继日地解放巴斯托涅，并把圣诞节的火鸡带给第一零一部队的士兵们。在一路上的众多记者中，我是唯一一个摄影师。我穿上我全部的衣服，还在外面套了一件长长的帕克大衣，大衣上还有一个带毛的兜帽——这是前一年，我从意大利前线的山地突击队那里借来的。

冰块一样的相机在我的脖子上挂着，戴着手套的双手在冰冻的快门上连一秒钟都按不住。离布斯托涅五英里远的地方，我在路边停下了吉普车。一个步兵营正走出马路，前往冰雪覆盖的战场。炸弹爆破中的烟雾悬浮在黑色的人影上方，有的人已经永远倒下，有的人正站在白茫茫的大地之上。这是很长时间以来，我拍到的第一张非同寻常的照片。我爬上堤坝，拿出有最长镜头的康泰时相机，然后开始拍照。忽然间，步兵连的一名大兵，在大概一百五十码的地方朝我大喊着什么，还同时举起了他的汤普森冲锋枪。我大声回话："别紧张！"但是一听到我的口音，他就开枪了。须臾之间，我不知道该怎么办。要是我平扑到雪地上，他还是能朝我开枪。要是我跑下堤坝，他就会来追我。我把手高高举到空中，大喊"同志！[1]"然后投降了。三个人举着步枪朝我走来。等离得足够近时，他们看清了我脖子上的三台德国相机，大兵们高兴坏了。两架康泰时相机和一架禄莱弗莱相机——我简直是个大奖。我还是尽可能地把手高高举起，但当他们距离我不过一挺步枪的距离时，我央求其中一个人检查我的前胸口

---

① 原文为德语。

袋。他拿出我的身份证，还有那张由艾森豪威尔本人盖章的特别摄影师通行证。“我真该一开始就打死这个浑蛋！”他咒骂道。和这三个绑架者相比，那个著名的萨德·萨克[1]还更快乐一些。我放下双手，给他们拍了照片，还承诺说这张照片一定会刊登在《生活》杂志上。

我又回到了坦克上。和说话拖长音的得克萨斯州司机同行，我感觉安全多了。

平安夜这晚，夜空中布满星辰。我们停下过夜，还下了车，在冰冷的坦克周围围成几个组。我递出我的银质扁酒瓶，冰冷的白兰地温暖了我们的喉咙。人们围成一团，他们在白天杀戮德国人，还射击有口音的人，现在却唱起了《平安夜》这首歌。然后突然间，仿佛伯利恒之光一样，一颗明亮的“星星”在空中炸开，就在巴斯托涅的正上方。那是一架德国飞机烧起来了：纳粹德国空军正在向第一零一师送礼物。我们说着不堪入耳的下流话，又爬上了坦克。

在前往布斯托涅的三条路上，那三位明智的上校率领着三支战斗队，带着罐头、食品和炮弹组成的礼物，一看到“星星”就启程了。

我跟着的那支战斗队是由艾布拉姆斯中校领导的，他看起来像个抽着雪茄的犹太国王，还发誓自己会第一个到达目标城镇。

第二天下午晚些时候，经过了许许多多的战役，我们抵达了一座山顶。布斯托涅就在我们下面，只隔着三千码和两千名德国人。艾布拉姆斯让坦克并排排成纵队，并下令冲锋。他告诉士兵们要不断前进、不断开火，不要停下再瞄准，直到抵达下方的城镇。

麦考利夫是第一零一师的司令官，德国人要求他投降时，他却对他们说了“呸”，可他其实相当有礼貌。“很高兴见到你，中校。”他和艾布

---

① 萨德·萨克：同名漫画中的角色，是二战中一个倒霉的士兵。

拉姆斯打了个招呼——诚心诚意的。

在废弃谷仓烧焦的黑色墙壁上，用白色的铅笔草草写着麦考利夫这个部队的传奇：吉尔罗伊到此一游[①]。

① 二战期间美国大兵中的流行语，大兵们会在所到之处留下这句话和一个秃头士兵的涂鸦。

ROBERT CAPA

第十四章　1945年春

在白雪皑皑的巴黎战场上，大兵们在和法国女士们打雪仗。德国人的最后一次进攻已经被挫败；战争的最后一个冬天正在等待最后一个春天的来临。

我则在等待“小粉”。

《生活》杂志在巴黎办公室的头儿是埃尔默·洛尔，他是一个狡猾的家伙，邀请我去参加一个小的会谈。他的桌子上有两封电报。一封来自纽约办公室，说布斯托涅的报道非常好，作为奖赏，我可以从四支美国军队中任选一支搭车进入柏林。另一封电报则来自伦敦办公室，是会计部的老大发过来的，说他一直以来都拒绝把扑克游戏的损失计入我的开销中，现在他肯定不会为一套女战争记者的制服付钱，我的裁缝已经就此提供了一份账单。

埃尔默自己倒是有一些有意思的消息。除了那四支已经在战场上的美国军队，还有第五支——盟军第一空降军——也在准备中，还有谣言说这支空军队伍一跳进柏林，战争就会结束。他说，这支三甲军只会带上三名战争记者：一位新闻记者、一位广播评论员和一位摄影师。图片库的成员一致同意我能胜任这份工作。埃尔默说，他不想逼着我去跳伞，但要是我喜欢这个主意，直到出征之日他都不会反对我待在巴黎。

和“小粉”在一起待上六十天，只有一天去跳伞，这似乎是个好主意——至少在第五十九天之前似乎都很不赖。我接受了这个委托，然后给伦敦打电话，用我的薪水给这位冒冒失失的裁缝付账。

来自伦敦的下一封官方电报只有一则给我的简讯：“卡帕‘小粉’兰开斯特酒店二月十五日。”开始的时候，我会先待在这家为战争记者预定的斯克里布酒店里，但从十五号开始，我在兰开斯特预订了两个最好的房间。

作战日来了，我为这个滩头阵地准备了鲜花和香槟，我在那里等了整整一天。夜深了，我意识到，自己只能独自闻着花香，喝下香槟了。实际上，这场充满男子汉冲动的荒谬表演持续了很多天，结果却总是一样的。到了二十号，来自伦敦的每日办公电报上，有了另一则有关“卡帕‘小粉’”的信息：“先离开兰开斯特，无论如何都不要来伦敦，稍后解释。”我付了鲜花和香槟的账单，然后搬回斯克里布酒店。

加斯顿注意到我不开心了，他现在只能提供非常劣质的白兰地，但他是个出色而且正直的酒保。我发表了关于女人的长篇大论，有普遍性的，也有针对性的。加斯顿只是简单地说道：“先生应该去走一走，做一点冬天的运动。”

一个孤独的男人在高山上抽着烟斗，这个主意吸引了我。而且，我认识一个非常漂亮的法国女孩，就在几天前，她去了法国阿尔卑斯山上的梅杰夫。

我和埃尔默·洛尔道别，告诉他我做了笔亏本的买卖，等那天到了，他可以给我拍个电报送到梅杰夫去。接下来，我花了三十天去对抗风雪，以及学习法式滑雪。只要有满满一瓶的热水，我就能一夜安睡。

埃尔默的电报到来时，已经是春天了，到了每个滑雪者都该去跳伞的时刻了。我的肤色黝黑，而且十分健康，都足以当一个胆小鬼了，但我还是回到了巴黎。那里还是没有“小粉”寄来的信，加斯顿还建议说：“先生应该回到战争去。”他真是个消息灵通的酒保。

* * *

这场终结的开始，对德国的伟大空降进攻，源自第一次世界大战的法国棚车，棚车上还有着著名的铭文：“定员四十人+八匹马。”美国第十七空降师被装进长长的货运列车中，在法国境内转悠了四十八个小时——这是为了迷惑敌军间谍。要了两天花招之后，将军觉得军队和德国间谍都已经累得够呛了，于是我们到达机场附近一座封闭的营地，这里距离出发的地点有六十英里。

在营地里，我们只有很短的时间，用于常规的战前步枪清理和良心发现。跳伞的前一天，我们得到指示，并被告知我们将和一支英国空降师一起跳到莱茵河的另一边，就在德国主要防线的正中心。

在开战之前，古老的匈人和希腊人都会用白马和其他贵重的动物祭祀。那天下午，美国空军的士兵大多数都用他们的头发祭祀，把它们剃掉，变成印第安人的发型。他们说与其在第二天晚上光着脑门儿活着，也不要一头炸毛地死去。我还留着自己的头发，但非常想喝一杯。和伞兵跳伞是治疗宿醉最好的办法，要是不大醉一场就太浪费了。但是这里没有酒，第十七空降师是一个没有一根毛，也没有一滴酒的师队。

就在天黑之前，一架小型的幼兽飞机在我们的营地上空盘旋，而且停到了营地的正中间。是克里斯·斯科特少校。第九空运司令部又一次和我们一起出任务飞行了，克里斯还是带来了消息。他刚刚从伦敦回来，还带了“小粉”给我的一个包裹和一个信息。包裹里有一瓶苏格兰威士忌，克里斯还和我说了一个长长的故事。

在二月十五日，他说道，第九空运司令部在莱斯特附近的指挥部举办了一个盛大的舞会，莱斯特在英国。克里斯邀请了“小粉”，还让她带上手提箱。舞会之后，他打算把“小粉”藏起来，再把她塞进一早开往巴黎的飞机。

舞会相当成功，“小粉”还是全场的焦点。等舞会一结束，“小粉”就换上了战争记者的制服，然后他们走了出来，前往机场。不巧的是，一个和“小粉”跳过舞的男孩，看到她穿着美国制服出现在机场上，就呼叫了地勤警察。

就在将要登上飞机的时候，“小粉”被捕了。她不想出卖克里斯，也不想把我卷进去，就说了一个公鸡和粉色的故事，这没人相信。他们判定她是间谍，让她在刺眼的灯光下坐了漫长的几天，说着同一个难以令人信服的故事。

她最后被释放了，但还是被持续跟踪。就是在那个时候，她给《生活》杂志打了个电话，还让他们给我送了个信息，叫我不要去英国。在要被审查的信件中，她没办法把那些事情一五一十地写下来，所以克里斯飞过来两次，要告诉我这件事情，但我出门滑雪去了。

“现在，”克里斯总结说，“‘小粉’已经回家，和父母待在一起了。”她以满腔的爱意送了我这瓶酒。

在告诉我这个悲伤的故事时，克里斯显然很痛苦。我问他，他是不是非常爱她。“是的。”他回答，“我早就想和你谈谈了，但是‘小粉’让我保证不说。”

我让他直接说下去。“不，”他说，“明天你就要去跳伞了，我会在你们的阵列上方驾驶空中堡垒轰炸机。第二天晚上我们会再会的，我会在莱茵河这一边的第一座机场等你，那是全盘托出更好的时机。”

共识达成了。我们喝了半瓶苏格兰威士忌，我还把剩下半瓶倒进我的战斗扁酒瓶里。

* * *

从非洲北部到莱茵河，有过太多的作战日。每一次作战，我们都必须在半夜起床。黑夜的终结往往催生了死亡的开始，但是这次进攻不一样。我们在早晨七点钟，吃下两枚新鲜的战前鸡蛋，然后很快就出发了。

我和团长一起坐在领航飞机里，我还是第二个跳伞的人——就在他后面。登上飞机之前，情报处的少校把我叫到了一边，他建议我，在收到跳伞的信号时，要是这个老家伙发生任何事情，就直接把他踹出机舱门。这可真是“天将降大任于是人也”的感觉，却又分外的安心。

飞机低低地飞过法国上空。通过飞机敞开的机舱门，男孩们看着一片祥和的法国景观迅速掠过。没有人呕吐，这是一场相当不同的进攻。

数千架飞机和滑翔机从英国和法国的机场同时起飞，然后在比利时上空会合。从那里开始，我们以紧密的阵列一起飞行。飞机的阴影在解放国度的大街上移动，还能看到朝我们挥手的人的脸。连狗都兴奋起来了，追着影子狂奔。两侧都是牵引滑翔机的飞机，就像有人在英吉利海峡和莱茵河之间纺了一条线，然后每隔一百码，就在线上放上许多的玩具飞机。

↑法国阿拉斯，1945年3月23日。一位美国伞兵，留着莫霍克的发型，以祈求好运和集体荣誉感，他正准备登上飞机，跨越莱茵河。

我不想看更多，也不想想更多，我装模作样地读起一本悬疑小说。到了十点十五分，我只读了七十六页，然后红灯亮了，要做准备了。那一瞬间，我产生了一个愚蠢的主意，想要说："抱歉，我不能跳，我得读完这本书。"

我站了起来，确保相机都牢牢绑在腿上了，扁酒瓶也还在心脏上的胸袋里。距离跳伞还有十五分钟，我开始回忆整个人生，那就像一场电影，可是投影机疯了，在头十二分钟里，我能看到和感受到我吃过的任何食物、做过的任何事情。我感到万分空虚，但还有三分钟要等待。我站在敞开的机舱门旁，就在上校的后面，六百英尺的下方就是莱茵河。接着，子弹像鹅卵石一样打在飞机上。绿灯闪烁，我无须踹飞上校。男孩们大喊着"翁布里亚戈！"[①]我数了一千、两千、三千下，而上方是我那打开了的降落伞的美妙风景。这落向地面的四十秒，就像我祖父钟表中的数个小时，我花了好多时间去扯开相机，拍下几张照片，又在撞到地面之前想了六七件不同的事情。在地面上，我还在不停地按快门。我们平躺在地面上，没有人想站起来。最初的恐惧已经过去，我们只能心不甘情不愿地开始面对第二轮恐惧。

前方十码处是高大的树木，有些在我后面跳伞的人降落到了那里，现在正绝望地挂在距离地面五十五英尺高的上方。

一挺德国机关枪朝晃荡的人开枪了。我发出一声又长又响的匈牙利式咒骂，然后把脑袋埋进了草地。一个躺在我旁边的男孩看了看上方。

"停下那些犹太祈祷吧，"他说，"它们现在帮不了你。"

我仰面翻滚，头顶上只有一架飞机，是克里斯的银色空中堡垒轰炸

① 二战时期在美国大中在非常流行的一首歌，还有两台轰炸机以此为名。

机。它掉转方向，亮闪闪地垂下机翼，突然之间燃烧了起来，浓烟滚滚的飞机迅速下坠。“哦，克里斯！”我想，“他骗了我，又要成为英雄了。”接着，就在飞机消失在树木中时，我看到了七个小黑点，这七个黑点变成了七朵丝绸花朵：他们跳伞了，他们的降落伞打开了。

早上十一点，我拍了两卷胶卷，还抽了根雪茄。到了十一点三十分，我第一次从扁酒瓶里痛痛快快地喝了口酒。我们已经在莱茵河的另一边站稳了脚跟。我们的团从失事的滑翔机中取出了枪支，我们也到达了计划占领和坚守的道路。我们失去了很多人，但这次要比萨莱诺战役、安济奥战役或者诺曼底战役容易多了。那些战役中的德国人能在那里屠杀我们，但是这里的德国人正在挨打。下午，我们和其他团部会合了。我关上相机，拍到的照片已经足够了，我开始寻找克里斯。

晚上，我开始前往莱茵河，但还是没有和河对岸乘坐驳船的军队会合。我发现一个很漂亮的大丝绸降落伞，就钻了进去，开始睡觉。丝绸很暖和，我的梦境则是一卷滚动的电报纸条。“回去滑雪，回去滑雪。”它不断重复着，有的签名是“小粉”，有的则是《生活》杂志。

早上，我到达莱茵河。河上建了两座跨河的浮桥，成千上万的枪支和士兵正缓缓过河。他们都在问我跳伞如何，我就好好吹嘘了一番，但他们并不介意。

我找到机场，询问他们是否知道和斯科特上校有关的任何事情。“他被带进来的时候，脚踝摔坏了。”飞行官员告诉我，“而且在半个小时前被撤离到伦敦去了。”

↑德国韦瑟尔附近，1945年3月24日。美国伞兵们在降落。有的伞兵在降落途中被树木挂住了，成为敌人明晃晃的靶子。

↑德国韦瑟尔附近，1945年3月24日。

↑德国韦瑟尔附近，1945年3月24日。一户德国农民躲在一个浅浅的散兵坑中。

↑德国韦瑟尔附近，1945年3月24日。在战斗的高峰期，德国农民们逃离了他们燃烧着的房子。

从莱茵河到奥得河，枪战很快就变成了掠夺战。大兵们在前方开路，遇到的阻拦越来越少，却发现了越来越多的相机、卢格手枪和姑娘。前进到德国的心脏时，他们发现德国人是一个非常干净的民族。房屋和农田更像他们故乡的那些，而不是在之前战役中见到的那样。

战争还没有结束，但是“亲善”开始了，只有那些解放了布痕瓦尔德集中营、贝尔森集中营和达豪集中营的人不会和姑娘们交好。在令人疑惑的潦草结尾中，战争渐渐平息，士兵们也在射出最后的子弹时在心里整理好回家的行囊了。

从莱茵河到奥得河，我都没有拍摄照片。集中营里有成群的摄影师，每一张新的恐怖的照片，都只会削弱整体的效果。现在，短短一天里，每个人都能看到在那些营地中、在那些可怜的恶魔身上会发生什么。明天，他们就不太会关心这些人未来会发生什么了。

德国人一会儿愠怒不快，一会儿友善亲厚，但对我的相机依然没有丝毫的兴趣。我想去会会第一批德国人，再结束我的战争。

一些德国人正在柏林开战，其他德国人抵达了奥得河，刚好和美国人到达莱比锡废墟的时间一致。在莱比锡附近，我们还有一场更艰难的战斗。这个小镇被希特勒冲锋队的精锐包围。但是他们和其他人一样，一旦有足够多的美国人或有足够多的自己人被杀掉，就会大喊着“同志”投降。

我加入了第五步兵师的一个团。我们到达了一座直通小镇中心的桥梁。第一个排已经在过桥了，我们非常害怕德国人随时会把桥炸飞。一座时髦的四层公寓就建在街角，俯瞰着这座桥梁，我爬上第四层，想着给蹲下和前行的步兵们拍点照，看看能不能当作我在这场战争拍的最后的照片。四层楼的资产阶级公寓门户洞开，重型武器连的五位大兵，正架起一挺机关枪，掩护过桥的行军。从窗户很难向外射击，所以军士长和他的一名士兵把枪移到外面那个敞开且没有保护的阳台。我在门口看着他们。枪一架好，军士长就返回了，年轻的下士扳动扳机开始射击。

最后一个人射出的最后一枪和第一个人射出的第一枪没有多少区别，但这一次，照片会送往纽约，没有人想刊登一个士兵用一架普通的枪射击的照片。但这个男孩有着一张干净、开朗且非常年轻的脸，但他的枪还在不断地杀死法西斯主义者。我走到阳台外面，然后停在大概两码远的地方，把相机聚焦在他的脸上。我按下快门，这是数个星期来我拍到的第一张照片——也是这个男孩生前的最后一张照片。

枪手紧张的身体悄无声息地放松下来，他瘫倒在地，跌回了公寓。他的脸没有变化，只是双眼之间有了个小洞。在他垂下的头颅旁出现了一摊血，他的脉搏早已停止跳动。

军士长摸了摸他的手腕，跨过他的身体，抓住了机关枪。但他不需要再开枪了，我们的人已经到达桥的另一边了。

我拍下了这最后一个人死去的照片。在这最后一天，很多最好的人都会死去，但那些活着的人很快就会忘怀。

* * *

我们在莱比锡停下，要做的事情已经结束，还没做的事情开始了。美国陆军必须驻扎下来，等待下一步的命令，新闻记者们也得到警告，不要试着前往柏林，也不要去见只在十五英里以外的俄罗斯军队。从现在开始，每件事情都以官僚的方式完成。美国陆军承诺，他们会和俄罗斯人举行一个仪式——专门为将军和新闻记者而设。

我们送出了最后的报道，然后在美国第一路军的新闻总部等待。大多数战争记者都在那里了。有那些从北非开始跟完整个战争的人，也有很多新来的人。新人们用极大的热情撰写出奇幻的故事，而老人们沉默寡言，消化着战争的宿醉，喝着最后一杯酒。

在莱比锡的第一夜，我们很早就上床了。午夜，最执着的老人哈尔·博伊尔[①]把我们叫了起来。他说："轮到恩尼了。"在离我们很遥远的地方，在伊江岛的那一天，恩尼·派尔被杀害了。我们都爬了起来，默默品尝着自己的愚蠢。

* * *

为了和俄罗斯人的历史性会见，许多战争记者从伦敦和巴黎来到了这里。其中一个是哥伦比亚广播公司的人，他问克里斯·斯科特是不是我的朋友。我说："是的，他怎么样？"他回答，说克里斯在伦敦，还一瘸一拐的，但正准备和一个英国女孩结婚了。

① 哈尔·博伊尔：美国记者，普利策奖得主。

我再也不在乎和俄罗斯人的会见了。哥伦比亚广播公司的人把他伦敦公寓的钥匙给我，我搭上了一辆径直前往巴黎的德国福特。我在那里要到了任命书和签证，还给“小粉”拍了电报，说我回来了。

ROBERT CAPA

第十五章

我在“小粉”的家门前付了出租车钱，打开车门时就看到了她，她正在外面等着我。

“你一定要现在来吗？”她说，“你是想把一切都再一次搞砸吗？”她戴着眼镜，看起来非常健康，但她的声音十分异常。我盯着她，她说：“我在多撒斯特酒店给你弄了个房间。”我又叫了辆出租车，然后我们坐了进去。我给了司机哥伦比亚广播公司的公寓地址——就在波兰广场。

进到公寓后，她在一张大大的椅子上坐下，我则站在冷冰冰的火炉旁边，我们两个人都没有说任何话。过了些时候，她拿下眼镜，用原来的声音说话。

“现在我见到你了，你看起来没什么不同。”

“我还是我，我没变。”

“我不一样了。过去这两年，你过得逍遥自在，我却只有等待。现在我恋爱了——而且也被爱着。”

我说这不可能，这都是因为她太着急了，因为愚蠢的战争和护照，因为一直纠缠我们的捣蛋精灵。“我们还拥有两年前第一次见面的那一天……以后还会有更多好日子。”

“你之前怎么不这么说呢？”

我没有回答。“他对你来说太年轻了。”我最后说道。

“现在，我有了一个美好的梦想。你为什么想要摧毁它呢？”

我又一次沉默了。

“另外，”“小粉”补充道，“克里斯不会信口雌黄。”

我们在火炉里生了火，然后我到处找找哥伦比亚广播公司的人有没有藏酒。我找到了两瓶，我们坐在火边，喝着酒，渐渐聊得更加随意了一些。我们坐着聊天，没有吃东西，也没有睡觉。我争论请求，我发誓赌咒，甚至都要打她了。她泪水涟涟，却针锋相对，丝毫不退让。

窗外的光线变换了很多次，等到了第二天早晨，我们都坐在地上，周围摆满了空酒瓶，还有一团奄奄一息的火。“小粉”形容憔悴却分外美丽，我想我把她赢回来了。我说我要刮个胡子，然后我们去吃点早餐。

在刮胡子的时候，我听到她在打电话。等我从浴室走出去时，“小粉”已经穿上了她的外套，妆化好了，还戴上了眼镜。她说：“我想亲吻你。”接着她就走了出去。在门口有两瓶牛奶和两份报纸，第一份报纸的文字非同寻常地粗大：

欧洲战事结束了。